やりがい、生きがいをつくる

# 夢を叶える心と技術

経営コンサルタント
## 古賀保彦
Yasuhiko Koga

海鳥社

# はじめに

古賀保彦

　ローマのストア派哲人セネカは、「われわれが人生を短くしている」と、説いています。われわれは、短い一生に生を享けているうえに、神から与えられたこの短い期間は、無為に過ごせば早足で走り去ってしまいます。

　ビジョナリープラン（夢のある人生計画）の実現に挑み続けている人は、キャリア・アップに取り組み、充実した人生時間を送っておられるようですが、大方の人は、人生とは何かに気づいたときには、成長のチャンスを少なくしているように思えます。

　人生時間の短さを嘆く前に、時間の活用法を考えてみるべきではないでしょうか。時間の生かしかた次第で、人生は大きく変わると、セネカは説いています。

　考えてみると、われわれの人生時間は、短いのではなく、実はその貴重な時間を浪費しているのかもしれません。1年365日は、すべての人に平等に分配されています。人生は時間の活用法によって、いかようにも変えられます。

　この貴重な時間の有効活用で、自分と世の中のためにお役立ちの仕事ができるのです。しかし、人生の現実は多忙さの中に、貴重な時間を埋没させているかもしれません。充実し

た人生を送るためには、人生時間の貴重さを再確認すべきでしょう。

「歳月は人を待たず（Time and tide wait for no man）」を再考させられます。

ワーク・ライフ・チャレンジ時代を迎え、企業や社会を支えているみなさん1人ひとりが、喜びとやりがいのあるビジネスワークと、充実したパーソナルライフを両立させるには、あなたの素晴らしい能力を生かし、豊かで満足できる人生創造に、取り組んでみられたらどうでしょうか。

さらに豊かで高幸福化人生を築くには、充実したワーク＆ライフバランス化が必要です。仕事のあり方、やり方を大きく変えていくのです。仕事で苦しむから、ジョイフル・ワークへのパラダイム・シフトを図ってみるべきではないでしょうか。きっとやりがい・生きがいも高まるはずです。

本書ではビジョナリーワークをどのような考え方・ステップで実行していくべきか、各章で展開しています。人生・仕事の充実化に活用していただき、素晴らしい人生開発の一助になれば幸いです。

夢を叶える心と技術●目次

はじめに　3

## Ⅰ. 幸福を求める人生ロマンロード

1. 夢を見、ビジョンを語り、「未伝子」を創る……………… 10
2. 人はなぜ生きるのかどう生きたいか……………………… 12
3. 人生での幸福とは、こころとカタチ……………………… 15
4. 幸福になる方法と実践法…………………………………… 17
5. 仕事が生み出す幸福感……………………………………… 20
6. 夢を叶えるビジョナリーロードマップ…………………… 26
7. 手作りの自分丸で人生の新航路を拓く…………………… 33
8. 人生は夢の大きさと努力で決まる………………………… 39
9. あなたの人生で叶えたい夢は……………………………… 43

## Ⅱ. ビジョナリーロードを拓くFスピリット

1. 未知への挑戦で創造する人生……………………………… 48
2. 人間の凄い知力と挑戦力が革新を生む…………………… 51
3. ゲーム脳が人生・仕事を楽しくする……………………… 53
4. ダーウィンの適者生存の法則に学ぶ……………………… 55
5. 改革の意志と想像力を磨く………………………………… 57
6. ものごとの本質を読み取る10のヒント…………………… 62
7. 心を変え・態度を変え・人生を変える…………………… 66
8. 自分力・仕事力を高めるポイント………………………… 70
9. 独創的思考を鍛える5つの力……………………………… 75
10. 変化を生かすクリエイティブ・ライフ…………………… 76

## Ⅲ. 時間を活かす人生・仕事創造

1. 時間とは何だろう······84
2. 仕事のやり方を変えてみる······87
3. チーム化で仕事を変えるチャレンジ活動······94
4. 仕事を楽しくすれば、成果も上がる······97
5. チャレンジワークが挑戦の喜びを生む······102
6. 心に描いたものは、実現する(宇宙の法則)······105
7. 定年のない脳とエンドレス・チャレンジ······107
8. 人と人を結ぶコミュニケーションツール······108
9. 変える変わるメカニズムの不思議······111

## Ⅳ. やりがいを高めるジョイフルワーク

1. 面白く・ワクワクする仕事のゲーム化······114
2. 仕事をエンジョイする秘訣　その1······119
3. 仕事をエンジョイする秘訣　その2······122
4. 克己心が強い自分力をつくる······125
5. 強い使命感・仕事感が成長の源······127
6. あなたにしかできない、仕事を創り出す······131
7. 大きな志が成長エネルギーを生む······135
8. お客様満足こそ需要創造の原点である······136
9. なりたい自分像をイメージすれば、現実化する······141
10. 自分力全開の生き方・働き方······145
11. 自律・自発型人材への変身······152

## V. 夢を叶えるモチベーションの高め方

1. 古い殻を破り、新しい明日を創る ……………………………… 155
2. すごい集中力が夢を叶える ……………………………………… 159
3. モチベーションを高める脳の働き ……………………………… 163
4. モチベーションの発揮システム ………………………………… 168
5. モチベーションが高まる働き方 ………………………………… 173
6. やる気向上の5原則 ……………………………………………… 176
7. モチベーションを高める6要素 ………………………………… 178
8. 願望を成就させる心と技術 ……………………………………… 179
9. やる気を最大にして感動を高める ……………………………… 186
10. やる気が湧き出る仕組とは ……………………………………… 190
11. 仕事力を高める心理と行動 ……………………………………… 193

## VI. リフレッシュタイムにFウォッチング

1. 四季を愛で野辺のウォッチング ………………………………… 197
2. 憧れの文学の地を巡る …………………………………………… 201
3. 梅雨時の田んぼ道 ………………………………………………… 207
4. 阿蘇・九重源流域探訪 …………………………………………… 210
5. 憧れの南欧の地を訪ねる ………………………………………… 217
6. 麗しの南の国、台湾を旅する …………………………………… 219
7. 深まりゆく秋を訪ねる …………………………………………… 221

あとがき　227

やりがい、生きがいをつくる

# 夢を叶える心と技術

# Ⅰ. 幸福を求める人生ロマンロード

人生とは、あなたが描いたハッピーシナリオを、思いっきり描き演技できる舞台である。

## 1. 夢を見、ビジョンを語り、「未伝子」を創る

### (1) 夢ビジョンを叶えるアタックロード

人生でロマンに現実が近づいていく時、人は最も生きがい・やりがいを感じるのである。ロマンとは夢実現に冒険心をかきたてるもので、未来の楽しい夢や、ゆるぎない信念を生み出し、そのビジョナリーロードへのアタックの疲れを癒やしてくれる。これまでのモノ中心の成長経済は随所にキシミを発生させている。私達の住む地球も環境悪化で軋んでいる。

これからの社会は、モノの豊かさを基礎にした心の豊かさを求める、幸福化社会づくりに勤しむべきでしょう。未来の夢・ビジョンへのチャレンジロードを、1人ひとりが楽しみながら挑む、クリエイティブ・ワークライフバランスの幸福化社会を、共創していきたいものである。

これから私達は、過去からの贈り物「過伝子」に依存しているだけでなく、未来志向の新たな創造的「未伝子」を創り出すべきである。「未来を考え・未来を語り・未来を拓くために自分は何ができるか」・どうすべきか、未来思考へのパ

ラダイムシフトのチャンスを迎えているともいえる。ワイドでロングな視点でこれからの世界・時代はどうあるべきか、考えてみるべきであろう。それには、自分を変える新習慣力を生み出す、強烈なセルフモチベーションの渦を巻き起こさなければならない。

## （2）あなたのビジョン度はどのレベルだろうか

あなたのビジョン度チェックシート

| |
|---|
| Q:あなたは今の日本をどう考えるか、どうすべきだと思うか。<br>ANS:<br>Q:あなたは自分の人生をどう考えているのか、今後どうしたいのか。<br>ANS:<br>Q:あなたにとって、人生での幸福とは一体何か、何を目指しているのか。<br>ANS:<br>Q:あなたにとって働くことは何か、何を生み出したいのか。<br>ANS:<br>Q:あなたにとって仕事のやりがいは何か、何を評価してもらいたいのか。<br>ANS: |

このチェックシートは、何も哲学者のような答えでなくていい。あなた独自の答えであればいい、あなたらしい「未伝子」を生み出す。将来のあるべき姿を、職場でも家庭でももっと話し合う必要があると思うのだが、そのために夢を語

り合う機会を、もっと多くしたいものである。

　日々の目標、月次・半期の目標にこだわるだけでなく、常に社会人として地球人として、1人ひとりの人間として、私達は将来を視座においた「大きく遠大なビジョン」を考え実行していくことが、大切ではないだろうか。

## 2. 人はなぜ生きるのかどう生きたいか

（1）生きる目的を確かなものにする

　①人として、この世に生を享け、どのように生きてきたか生きていくのか。

　生きる目的と生き方が明確になれば、仕事も勉強もライフワークも「このためだと定めれば」すべての行為が意味あるものとなる。心から充実し満足感を高め、やりがい・生きがいのある人生が拓かれていくのである。

　仕事がよく進まない、人間関係に悩みライバルとの競争に敗れても、遠大な目標を達成するために、いろいろな障害を乗り越え、人生の夢に向って挑み続ければ、不思議と元気パワーが湧いてくるものである。人生に真正面から取り組んでみよう。変化・進化が見えてくる。

　②生きる目的をつかんだ人の成長のための苦労は、必ず報われると信じることである。

　人生での基本テーマは、いかに生きるかである。あなたはどんな人生を望んでいるだろうか、もう一度自分の人生を問

い直してみよう。高く聳え立つ険しい山の頂を目指すか、なだらかに波打つ山麓を辿るか、あなたに相応しいライフロードを見直してみよう。寄り道をしながらも到達点へのアタックを、楽しみながら続けたいものだ。

（２）人間の知性を生かす生き方
◇人間の知性（思考力・判断力・論理性）を磨きフル活用。
　人は他の動物に比べ保育期間が長い。身体の成長が他の動物に比べ遅いのは、人間のもつ偉大な脳の発達と、密接な関係があると考えられる。身体活動の司指令塔である脳のいろいろな機能の発達には時間がかかる。生命脳・感情脳・論理脳・ボランティア脳など、命をつかさどる部分から、脳の発達が進んでいくという。生命脳からボランティア脳への発達は一生続くと言われている。人本来の知性を働かせ、未来のあるべき幸福化社会を、考えてみるべきであろう。

（３）人生は展望・選択・実行によって決まる
　①人は生きていくための所得を得なければならない。このためには望むと望まざるにかかわらず、仕事で社会分業体制の中に這入っていく。この時点での職業選択が、その後の長い人生を実りあるものにさせ、生きがいのある人生が送れるか、否かのターニングポイントになる。
　人生とは、展望・選択・実行によって決まるという。ベストフォーカス・ベストセレクトが望ましい人生を拓く。人は

なぜ生きるのかを問うと同時に、そのためにどう生きるのかを、問わなければならない。なぜ生きるのかと、どう生きるのかは表裏一体であろう。どんな人生を送りたいか、そのために何をなすか、若い時にしっかりと築き上げておくべきであろう。既にビジネスの社会にいる人も、これからの人生をさらに生きがいのあるものにするための見直しが必要ではないだろうか。

②今まで通りでは人生は何も変わらない、喜びもなければ、苦しみもない、ただなんとなく日々を過ごすのみでは、変化の潮流から遊離してしまう。世の中はこれまでとは考えられないほどの凄いスピードで変化している。その背景にはグローバリゼーションの進行、技術革新、ICT・IOTの導入・メディアネットワークの高度化があげられる。変化への対応・先導が社会の進化を生み出すのである。あなたはどんな分野で、スキル&クリエイティブ・パワーアップに挑んでいるのか。

③なぜ生きるのか、どう生きるかの根底にあるものは、人生に何を求めているかである。求めるものが曖昧な人生は、人として生きる人生観・価値観が問われる。

一度しかない人生、独自の人生プランを持てば、人生目標に向っての挑む姿勢が違ってくる。厳しいが夢の持てる努力の積み上げは苦にならない、自ら決めた人生テーマである。夢は実現できる、「やれる、やれる、やり抜く」の意欲を高め、強い信念を持ち続ければ、これまでの努力は無駄になら

ない。遂には大輪の花となって結実するでしょう。

（4）念ずれば大輪の花が咲く
　人生シナリオは作者も演技者も自分自身である。自分の現在の姿は、あなたが今日まで考え行ってきた結果である。これからも自分が考え実践していく、このストーリーの進行は、良しも悪しくも1人ひとりが人生をどうしたいか、どう生きたいかである。良い結果を生み出す原因を創り出したいものである。それには人間の潜在意識が関係しているのであろう。さらにイメージトレーニングを深めていくべきだろう。

　私達がいつも考えていること、思っていることは、絶えず潜在意識にインプットされている。潜在意識にインプットされたことは、どんな内容かを問わず現象となって、人生に仕事に大きな影響を及ぼす。「念ずれば花は開く、行えば実をなす」、思ったことはよく考えてやってみることである。念じて行えば、結果は見えてくる。良い結果を出し続けることで、モチベーションの連鎖が起り、次のアタックに駆りたてる。先ずは粘りに粘って、成功の果実を味合ってみよう。

## 3. 人生での幸福とは、こころとカタチ

（1）幸福のカタチと心
　ドイツが生んだ偉大な詩人・文豪ゲーテは、人の世界に生

きるはただ一度のみと説いている。「人生は愛なり、人生は精神なり」とも語っている。誰しも一度しかない人生である。幸福になろうと願い、それに身を入れて励み、心地よく気持ちよく楽しく人生を送りたいとパラダイスを夢見て、人は日々チャレンジしているのである。幸せな人生創りを目指して日々夢に励み続ければ、ハッピーサミット（幸せの頂）が見えてくると教えている。あなたの幸福と関係する人々の、幸福目標実現への努力を続けよう。

（2）人生の最終目標とは

アリストテレスも、「人間は何のために生きているのか？」というこの根源的な問いに、「人間の最終的な目標は幸福にある」と説いている。その幸福とはあなたの願望の成就である。幸福の探求と実現を人生の究極の目標として、日々の1つひとつの行動を、何のためにの目的を極めていけば、やがて人間が幸せになる最高善に到達できると説いている。

ただし、ひと口に幸福といっても、人によっていろいろである。アリストテレスは「幸福とは、人々がもつ本来の能力を発揮することである」と定め、人間が本来もつ固有の能力を最大限に発揮することに、生きる意味があると説いている。

> この世の中で、私は生かされていると感じる人は、生かされている存在に感謝し、あなたの可能性をさらに引きだすことが、人生を豊かにする。

## 4. 幸福になる方法と実践法

（1）いつも生き生きとしたプラス感情で

アラン（1868〜1951）、フランスの人生哲学者・モラリストは、自著『幸福論』の中の「幸福となる方法」で、私達大人は子供や若い人達に幸福となる方法を、しっかり教えるべきであろうと説いている。

その方法とは、「現在のことにせよ過去のことにせよ、自分の不幸について決して他人に話さない」ことであるという。頭痛や吐き気だの、気難しい話をするとき、言葉遣いに気をつけたとしても、相手を不快にさせ、無作法なことだとみなされかねない、自分の悩み・不安を他人に移すだけで、問題の解決にはならないからだ。

正しいやり方は、いつでも生き生きとした、プラス感情を保つことであろう。ポジティブ思考で、物事をプラスにとらえる姿勢が、より良い方向にもっていく、マインド・チェンジであろう。ネガティブ思考をポジティブ思考にし、私の思いは叶えられる。デキル・デキル、ヤレル・ヤレルに、マインド・チェンジを試みてみよう。

（2）ポジティブ思考が人生を楽しくする

悲観は気分に属し、楽観は意志に属するという。何となく気分がすぐれないのは、心の状態であり気持ちが滅入り、元

気がよくなくてふさぎ込むことである。一方で何を行うにも、楽観的にプラス発想で、デキル・デキル、ヤレル・ヤレルのマインド・メイクを行う人は、心の強さを持っている。どんな困難に遭ったとしても、微動だにしない心の強さを持ち続けられるのである。強靭な意志力を持ち続けたいものだ。

ＭＡＡＨＣＤサイクルを廻す

---

①心 (mind) が変われば ▷ 態度が変わる
　――　自分の思いを表に出そう、言葉に出して自分に誓う。
②態度 (attitude) が変われば ▷ 行動が変わる
　――前向きな姿勢・態度が、行動に駆り立てる。
③行動 (action) が変われば ▷ 習慣が変わる
　――　動きが変わればこれまでのやり方が変わってくる。
④習慣 (habit) が変われば ▷ 人格が変わる
　――　見違えるような人間としての成長を確信できる。
⑤人格 (character) が変われば ▷ 運命が変わる
　――　将来の展望が拓かれる
⑥運命 (destiny) が変われば ▷ 人生が変わる
　――　刮目の素晴らしい人生に変わっていく

---

（３）意識を変え行動を変えれば変化が起こる。

夢に力を、力に夢を、未来に期待と感動を生み出そう。

人生を変えるのは、先ずこうなりたいと思う、強い心のありようを変えることから始める。心の作用（精神作用）は前頭葉がつかさどる人間の知的活動である。自分が思っていること考えていることは、意識として保持される。外部に発信

されるのは、言葉・態度・表情に表れるという。ポジティブな態度が、ものごとをプラスに導くのである。

　夢を見・夢を追い・夢をかなえるには、夢にパワーを加えることで、思いがトライテーマに乗り移り、変化のカタチとなって表れる。原因▷経過▷結果の善循環サイクルが廻りだす。

　（４）人間としての幸福の条件
　成り行きまかせの人間は、みなふさぎ込んでいる。そうゆう人間はやがていらだち、憤怒にかられる。常に上機嫌などというものは存在しない。気分というのはいつも悪いものであり（良い時もある）、あらゆる幸福は、意志と抑制とによって得られる。

　このように気分というものは、驚くべき心理体系を組立てる。楽観主義者の雄弁は心を静める効果があるが、これをいかに維持し心を安静に保つかが大切である。

　「人間は意識し創造することによってのみ幸福である」、「自由な行動の中でこそ人は幸福である」、この２つの幸福感の源流は、「何ものにも束縛されない、自由な発想・行動で、自らが求めるものを創り出していくプロセスが、幸福そのものではないだろうかと訴えている」。

## 5. 仕事が生み出す幸福感

（1）ヒルティーの幸福論が教えるもの

ヒルティ（スイス人で著名な哲学者・公法学者・政治家）の著書『幸福論』の「仕事の仕方・時間の使い方」では、人間が幸福を得るには、仕事の中で生かされていることが、自己実現欲求（自分のやりたいことをできる、やりがいの体感）が高まっていくと説いている。

どうすれば仕事の効率化が図れるか、コンサルタントとして仕事の上手なやり方と心理的満足についてまとめてみた。

◇ヒルティは「仕事の上手な仕方」で、仕事の途中で休息をとるのは、身心の適度で秩序ある活動によってのみ得られるという。無秩序でばらばらな仕事のやり方では、休息か仕事かが分らず、身体のリズミカルな活動サイクルにならず、仕事の効率化・満足度の高まりは期待できないという。

◇働き（仕事）の喜びとは、自分がやりたいこと・やれること・やるべき事の3つの要素がマッチングするコトを実際に行ってみることで、達成の喜びは味わえるという。これを続けることで、あなたの幸福感は高まりいろいろなアイデアの創造と成功の喜びから得られる。精神的・創造的なクリエイティブワークが必要だということである。仕事にいろいろな創意・工夫を加えるのは楽しいことである。それには忍耐力や好奇心の強さが求められる。

◇習慣のビッグパワーを活用する。

機械的で形にはまった繰返しの仕事は、マンネリ症状となり、人を満足させるものでないと、150年前の賢者は現代に通じる問題を指摘している。これからの多変化の時代は、なおさら創造的な仕事が求められているのである。そのなかでヒルティは怠情の排除を重要視している。

最良の方法は「習慣のビッグパワー」を活用することである。どんな人間的美徳も「習慣として定着させない限り」本物とはならないのである。ではどのように、良い習慣を身につけていったらよいだろうか。思い切って良いやり方を始めてみる。良いアイデアが生まれたら具体化プランを作ってみることだ。これから具体化のステージとなる。

イメージをビジュアル化してみよう。考えてることの具体化が進み始める。みなさんにとって、容易なことから始めるのである。ともかく始めることである。はじめた仕事は単なる完璧主義ではなく、根本・本質的な要点に力を注ぐ重点・集中徹底主義が大切である。

精神的に仕事を容易にするベストな方法は、繰り返すことが強調されている。何回も繰り返すことで、仕事が見えてくるようになる。継続こそ力なりに学ぶべきでしょう。

（２）人生有効時間のつくり方・生かし方
人類の万有資産「時間・価値」をいかに高めるか。
有効な時間を作るために「必要なことは、世の中の潮流に

おし流されることなく、自分の生き方を確立することだ」と言っている。その上で「規則正しく働くことが最良の方法である」とも指摘している。では、仕事での時間の使い方はどうあるべきだろうか。価値創出時間か否かを明らかにしておくことである。

　時間を効果的に活用する方法の１つは、仕事の対象を変えてみることである。仕事を変化させることは、頭脳の休息と同じ効果を生むという。

> カエル・カワルから、改善・進歩が始まる
> モウチョット・モウチョット、今を変えてみよう

仕事カイゼン・トライチャート
（身近な業務から取り組んでみる）　N：現状　R：改善

| | 業務名 | | 手順を変える | 方法を変える | 配置を変える | 治具・マシンを変える |
|---|---|---|---|---|---|---|
| ① | | N | | | | |
| | | R | | | | |
| ② | | N | | | | |
| | | R | | | | |
| ③ | | N | | | | |
| | | R | | | | |
| ④ | | N | | | | |
| | | R | | | | |
| ⑤ | | N | | | | |
| | | R | | | | |

同じことを続ける場合、最初の1時間ぐらいが最も効果的であり、効率が落ちたら対象を変えると、新鮮な気持ちで次の仕事に集中できるのである。その結果効率も復元するのである。やる気も湧いくる。変えることの効用は計りしれなく大きいのである。
　現状のやり方を思いきって変えてみる。そして、手を付けた仕事は身の廻りにおいておき、その時々の抑えがたい気分のままに、次々にこなしていくのが、良い方法だと言う。
　アイデアメイクが必要な創造的な仕事の場合、こんなやり方がベターかもしれない。いろいろな仕事もシリーズ処理から、パラレル処理も効率化策として採用してみるべきである。
　いろいろな視点で、仕事のやり方・プロセスを再組立してみれば、仕事の再発見につながっていく。変化こそ常道を意識して実行してみよう。

（3）人生・仕事での1人ひとりの使命
　ミッション（使命）という、人に与えられた役割・任務に従事できることに喜びを感じるのが、ビジョナリ・ライフを送るうえで大切なことである。
　ミッションの本来の意味は、伝教や宣教である。例え自分が損になっても、やり遂げねばならない。今の時代は、ミッションの欠如や希薄化が進み、人生本来の意味付けが忘れられているのかと危惧される。人はいろいろな分野・立場で仕事を行っているが、その遂行過程で、自分に課せられたミッ

ションは何か、チームに課せられたミッションは何かを考えてみるべきである。

「ともにより良く生きる」ためにビジネスの世界で、私は何で貢献できるか・しているか、を自問してみる。1人の力は限られている。チームで力を合わせることも欠かせない。メンバーの力を借りながら、自らのミッションを叶える情熱を持ち続けたいものである。人生を、守りの姿勢から攻めの姿勢に変え、社会貢献度を高める努力が、今こそ必要ではないだろうか。

（4）ブータンが取組む心理的幸福感

国民総幸福感（Gross national happiness）向上に取組むブータンでは、当時の第4代国王であったジグメ・シンギ・ウォンチャックが提唱して、「国民総幸福感」を国家経営の理念として設けた。1972年に国王の「重要なのは国民総生産ＧＮＰではなく、国民の総幸福量ＧＮＨを増大することである」という発言から始まったといわれている。

ＧＮＨは幸福に必要な要素として、4つの柱を設けている。
Ⅰ 持続可能な公正な社会・経済の開発――社会の進化と開発。
Ⅱ 自然環境の保護――豊かな自然と人と人との共生・継承。
Ⅲ 伝統文化の保存と発展――民族の歴史と文化の維持・向上・発展。
Ⅳ より良い統治――国民総幸福度を高める、政治のあり方。

仏教的な価値観や民族の伝統を背景に形づけられている。

心の豊かさを求める、ジョイフル・ハピネス。先進国であるわが国にもうつ病に悩む人が多いのはなぜか。地球環境を破壊しながら成長を遂げて、真の豊かな社会になるのだろうか。人と人とのつながり・自由な時間・自然とのふれあいは、人が安心して暮らす中で欠かせない要素である。

欧米ではＧＮＨの考え方を政策に取り入れた、経済・社会・人・心………のベストバランス化への活動が活発になっている。

ＧＤＰで計ることができない項目の代表的なものが、心理的幸福が挙げられる。この場合は正・負の感情に区分され、正の感情は、①寛容、②満足、③慈愛、負の感情は、①怒り、②不満、③嫉妬となり、これを心にいだいた頻度を地域別に聞き、国民の感情を示すマップを作り、ブータンではどの地域のどんな立場の人が、プラス＆マイナスの感情を持っているか、一目で分るようにしているという。

これは職場で行うモラール・アンケートに類似しているようである。これから生活者・職業人としての幸福度について、モノの豊かさと心の満足が両立できる。E－Ecology、E－Emotion、E－Enjoyの３Ｅ社会創りに楽しんで取り組みたいものである。自然環境を守り、心わくわくで人生を楽しむ、絆を強くした社会を築きたい。ベースはモノからコト・心への価値観変化に対応した、ライフユートピア創りであろう。

このＧＮＨの４本柱は、世界の経済成長至上主義の方向性

を見直すと同時に、伝統的な社会や文化・自然や生活の環境を守ることが、最終的には国民の幸福に結びつくという考えに根ざしている。

## 6. 夢を叶えるビジョナリーロードマップ

(1) 実現性の高い夢は、WHY・WHATが明確

緩やかに時が流れる古きよき時代から、世の中が目まぐるしく変化・進化していく、ドックス・タイムのスピード化社会となってきた。ユックリズムでは、変化についていけない。社会の変化は想像以上に速いのである。変化のスピードが速くなると、私達が受ける人生の喜びも多くなる。一生で体験・体感できるユニークな商品やイベントも多彩になり、人生の楽しさも想像を超えるレベルとなってくる。

これからは知価社会・創価社会・創遊社会への知的・感性進化がさらに進む。この進化に順応すれば、生活はマインドフルライフに変わって、あなたは進化のリードオフマンになっているでしょう。さらにジョイフルライフが期待できる。

いにしえより人間社会は、さらなる理想社会の実現に向けて技術革新や新システムの開発により、多彩な生活文化の創造に挑戦を続けてきた。挑戦心は人間の向上心・創造心のなせる業であり、成長・発展願望の発露であろうと思われる。これまでどおりでは満足しない、人間の敢くなき挑戦心が、変化・進化を起し、経済・文化・社会は長足の進歩を遂げて

きた。私達、地球市民の1員として、地球社会の進歩・発展に貢献する、リーディングパワーメンバーとして、存在感を高くしたいものである。現状に満足せず、自己革新に挑み、さらに高い次元の生きがい・働きがいの感動を味合うには、私達の人生観・職業観のパラダイムシフトが求められている。

あなたは、自作の人生シナリオで、どんな人生ドラマを演じているか。あなたしか持たない貴重な才能資産を生かしているか。一度しかない人生、悔いのない人生にしたいものである。これまで人生目標に挑戦を続けている人は、やりがい・生きがい・働きがいの3ガイで、人生ドラマを演じていることであろう。

好きな仕事に自己の才能を生かし、全エネルギーを投入し、着実に成果を高めていく人は、成長軌道を歩む幸せな人である。あなたも自分力を探し、さらに磨き上げ、ビジョナリーテーマに挑んでみよう。新たな仕事の喜びに、出会えるかもしれない。自ら夢を脹らませ、夢実現に挑む人生でありたいものである。意志あるところに道ありと言う。ミッション・ビジョン・パッションのマインド・レベルも高め、やりがい・働きがい倍増のチャレンジ・ワークに対決してみよう。新たな世界が拓けてくるのである。

(2) ビジョナリープラン作り

あなたしかできない、ビジョナリーライフプランのメンテナンスを行い、ニュービジョナリー・ロードマップに描いて

みませんか、先ずは人生のニューサミット（新しい頂上）を設定してみるのである。ビジョナリーマインドを豊かにすれば、チャレンジへの高揚感が湧き出してくる。諦めずに挑んでみる。

　◇スリーステップでビジョンリープランにアタック

　ａ．オリジナルプランにフルパワーでアタック

　あなたのオリジナル・プランを創り、チャレンジを始めてみよう。その際に大切なことは、あなたの好きなこと・得意なことにテーマ・目標・内容をデザインしてみることである。どうしてもやりたい願望度の高いテーマを設定する。ディリーワークとライフビジョンを結びつけ、目標達成度のチェックも必要である。あなたが決めたビジョン・サミットに向う毎日に、達成の期待と感動を夢見て努力を続けてみよう。

　ｂ．アプローチステップ

　実行過程では、いろいろな成長を阻む問題が発生するものである。このような時にどう対処するかで、テーマ・目標の達成レベルが決まる。なぜそうなるのか、問題意識を高め問題から逃げるのではなく、真正面から解決に取り組んでみるのである。

　解決法は多面的に考え、１つずつ着実に実行に移してみることで、目標達成は上昇軌道に乗り、モチベーションレベルも高まってくる。やる気のオーラが満ちてくるのである。

　ｃ．フィニッシュステップ

　ビジョナリープランを完遂させる。チャレンジ目標の設定

目的・狙いを明確にしておく。

　何のためにこの目標を作ったか、前提を深く掘り下げておくべきである。何を目指し、何を成し遂げたいかの明確化なのである。

　目的が曖昧な目標は、現状をなぜ変えるのか意図が不明確で、取り組む姿勢も弱くなってしまう。「みんなもやるというから、私もやってみるか」では、テーマ・目標へのアタックにも情熱も今一歩で、本気度が伝わらない。

> ### 人が動き動かされる、永遠の真理とは
> 　人は利益と恐怖によって動くといわれる。動いた方が有利だからである。それは心からでなければ、熱意も自ずと違ってくる。心が動けば、利益や恐怖心がなくとも凄い勢いをもって動く。
> 　さらに、それを長続きさせようとすれば、ある程度の利益と恐怖のサポートも必要となる。利益と恐怖、罪と罰は理性を動かし、行動のガイドレールを敷くもので、このレール上を勢いよく走らせるには、さらにやる気を高める感情を刺激することが必要である。
> 　理性の納得しない事には、人は本気になって動かない、なぜこの事をやるのか、目的の明確化を求める。
> 　心から「やる気」を起すのは、内的動機づけによって感情が働くからである。人の心を打ち、人生意気に感じさせるのは、自ら考え発意して人生テーマにチャレンジする時である。

・テーマをこなす・さばくから、オリジナルスタイルに変えてみる。強烈な思い入れを注いでみることである。不退転のチャレンジマインドが、目標完遂の要となる。

ビジョナリーロードマップの作成ポイント

「パーソナルライフ」

①あなたが人生で成し遂げたい夢・ビジョンは何か、それはなぜか、目的を明確にして、目標設定の前提にする。

②夢・ビジョン実現のために、到達すべきサミット（頂）はどのレベルか、一生かけて挑み続けるに値する頂点かを吟味して決める。

③ファミリードリームプランは、家族のライフステージで、どんな事をテーマにするか、１人ひとりの想いを凝縮した夢をエンジョイテーマとしてまとめ、ファミリー・ドリームとして共有化する。

ビジョナリーロードマップデザインシート　パーソナル・ライフ

| 項　目 | プラン・デザイン | 達成レベル |
| --- | --- | --- |
| 人生のサミット | | ％ |
| ライフビジョン | | ％ |
| ファミリードリーム | | ％ |
| ジョイフルライフプラン | | ％ |
| エンジョイホビー | | ％ |
| ライフワークテーマ | | ％ |

「ビジネスライフ」

①キャリアアップする、やりがいのある仕事の夢をデッサンする、あなたの才能資産を生かす、夢のあるうきうきする魅力的なものに、シナリオメイクして楽しむ。

②クリエイティブ＆ジョイフルな、プランデザインを試み、夢のある魅力的な、ビジョナリーシーンをイメージして、創造的なビジョナリーテーマにまとめる。

ビジョナリーロードマップデザインシート　ビジネス・ライフ

| 項　目 | プラン・デザイン | 達成レベル |
|---|---|---|
| 目指す分野 | | ％ |
| 専門領域 | | ％ |
| オリジナル　スキル | | ％ |
| クリエイティブシンキング | | ％ |

```
あなたの年齢 (age)
─────────────────────────────────────────
20  25  30  35  40  50  60  65  70  75  80  85  90  95  100  105  110
                                                                (歳)
─────────────────────────────────────────

記念すべき出来事
(memorial event)
─────────────────────────────────────────
20  25  30  35  40  50  60  65  70  75  80  85  90  95  100  105  110
                                                                (歳)
```

（3）理想を求めてチャレンジする人生

　青春とは人生の或る期間を言うのではなく心の様相を言うのだ。逞しき意志、優れた創造力、炎ゆる情熱、怯懦(きょうだ)

を却ける勇猛心、安易を振り捨てる冒険心、こういう様相を青春と言うのだ。年を重ねただけで人は老いない。理想を失う時に初めて老いが来る。歳月は皮膚のしわを増すが、情熱を失う時に精神はしぼむ。

幻の詩人 サムエル・ウルマン作（1840〜1924）「青春」の一篇である。サムエル・ウルマンはドイツ生まれでアメリカ移住後、実業界・教育・宗教界で業績を残した。この「青春」という詩は著名実業家に信奉者が多い

おりおり、この詩を読み返してみると、かけがえのない人生の一瞬一瞬をさらに考えさせられる。地球人口72億人の1人ひとりが、自分の人生を送っている。「人生とは自作のシナリオを自演する自分ドラマ」といえる。主演のあなたはどんな人生ドラマを演じているか。日々どんな新発見をして感動を味わっているか。

人生の喜び悲しみに一喜一憂するなかに、人生の醍醐味を味わっていく。明日はどんなことで楽しく・面白い1日にしようか、仕事でもプライベートライフでも、毎日まいにちが意味ある、かけがえのない1日にするための、思い入れを深くしたいものである。明日の1日がさらに輝き・煌めくように。

# 7. 手作りの自分丸で人生の新航路を拓く

（1）奥の細道と人生ロード

「月日は百代の過客にて、行きかふ年も又旅人なり。舟の上に生涯をうかべ、馬の口をとらえて老を迎える物は、日々旅にして、旅を栖とす」

俳人芭蕉が綴った、『奥の細道』の冒頭漂泊の思いにある人生の旅路を著わす有名な一節である。人の一生は、まさに百人百様である。双子の兄弟と言えども、それぞれの人生を歩いていくもの。神様が作ってくれた人生ロードマップに、自分の思い・夢・願い……を加えた、マイライフ・ビジョンに沿って巡りし道が、今の自分の立ち位置であろう。

（2）自分丸の人生行路を行く

自分丸の人生行路とはいえ、自分1人で進むのは難しい。ヨットマンの単独世界一周、アルピニストのエベレスト登頂なども、多くのスタッフによるサポートがなければ実現は難しい。人間1人の力はたかが知れている。世界の成功者は、多くの信奉者、ファン・協力者を集めたことか、人生の成功者に共通するのは、人を惹きつける人間的魅力を備えているのである。

人々の協力を得る人は、誉めて人を動かす天性の徳性を備えているようである。協力者を誉める・励ます・感謝する、

心を動かす人心収攬の術を心得ているのである。人は自分の素質・才能を分ってくれる人、そして的確なアドバイスをしてくれる人に信頼をよせるものである。

アメリカの鉄鋼王アンドルー・カーネギーは、自分の墓石に「おのれよりも、賢明なる人物を身辺に集まる法を心得し者ここに眠る」と記している。真心をこめて感謝の心を死して残している。人本主義を貫いている。

人生は多くの人々との協力なくしては、大輪の花は咲かせられないという教えであろう。独り善がりの唯我独尊では、衆知を集めた大きな仕事は難しいのである。

しかし人々の協力を得るのと、依存することとは違う、「自己の能力と他者の能力の相乗積」で、シナージ効果を発揮させることが、真の相互協力であるととらえるべきではなかろうか。

（3）人生のドリーミイー・ビジョンロード

①ウォルトディズニーは「夢というのは思わなければ実現しない夢を実現するためには、ビジョンが大切である」と言っている。

「ビジョンというカタチにすることで、夢がさらに見え始め、ビジョンを実現することで夢は実現する」と、説いている。このように説くディズニーは夢想家のように思えるが、それとは逆に現実主義者でもあったと言われている。夢を夢で終わらせるのでなく、ビジョン（透察・展望）をリアライ

ズする。夢を確実に着実に、現実のものとする。強烈な意志・情熱と、そのやり方を築き上げたリアリストだったのだ。夢を叶えるには、それを超える努力が大切であることも教えているのである。

　②人は誰しもこうなりたい、ああなりたいと夢を描き、きっちりと現実のものにする人、なかなか実現せず、夢想で終わらしてしまう人もいる。

　この違いは何だろうか。夢（dream）を、「夢想（vision）、情熱（passion）、行動（action）」のステップを、ロードマップに精緻に描き、それを予定通りに、実践を続けている人。夢実現に挑み続ける人、このような夢実現人の共通項は、確固とした誇り（pride）使命、（mission）、自己実現願望（self－realization desire）が高く、その思いを持ち続けているのである。

　ディズニーのビッグ＆ロングドリームプランは、人を楽しませるアミューズメント（娯楽）の非日常空間を創り、大きな夢を描き苦労に苦労を重ね、ディズニーランドにアミューズメントユートピアの夢を結実させたのである。どうしても成功したい、強い思いを持ち続けることの大切さを教えてくれる。

　ディズニーが教えるのは、願望を持ち続け、励み・挑み続けることで、夢は着実に現実化していくことである。遠大なテーマは一朝一夕では叶えられないが、いかにその強い思いを保ち、挑み続けることの大切さを教えてくれる。

せっかちさは、日常業務には必要だが、ビッグドリームには、気長に一歩いっぽ着実に進めていく粘りも必要であろう。

　何をやるにも、根気強く・粘り強く・着実にやり続けるのが大切である。斑気(むらき)は禁物である。夢を叶えるには生半可な取り組みでは難しい、強い思い入れで、挑み続けるチャレンジ精神を持ち続けるのである。

　人生ロードは長いようで短い、中途で諦めれば、これまでの努力はムダとなり、後悔が残るのみである。1日一生の強い心で挑み続けることで、あなたの夢は花開いていく、ディズニーのドリームチャレンジに学ぶことは多い。

　夢実現人の earnest desire（強烈な願望）レベルを高くしてV・P・A・Sレベルを最高度に高めていく。

　③夢は実現させて正夢となる。容易に実現できることは夢と言えない。それは task（課業・つとめ）であり、やるべき日常の仕事である。夢とは遠大であり、実現の道程は長く厳しいものである。一生を賭けて成し遂げられるかどうか分らない不確実なテーマに挑み続けるには、夢実現の (earnest desire or wish) 強烈な欲望・願望を抱くこと、そしてそれを持続することである。諦めない粘り強い心をいかに保つかである。

　人の心は時間に反比例して弱くなる。これを時間の経過とともに思いを強くしていく、心の維持と強化が求められる。夢実現の（思・想・意）は、深・強・弱いろいろだが、（念念）いつもいつも思い続ける、念力の段階まで昇華していけ

## あなたの夢レベルを自己判定してみよう

| V・P | 夢想（vision） | | | | | | | 情熱（passion） | | | | | | |
|---|---|---|---|---|---|---|---|---|---|---|---|---|---|---|
| ドリーム・ビジョン | 思いきって遠大な夢を | | | | | | | 夢を叶える挑戦心 | | | | | | |
| レベル | 1 | 2 | 3 | 4 | 5 | 6 | 7 | 1 | 2 | 3 | 4 | 5 | 6 | 7 |
| A・S | 行動（Action） | | | | | | | 満足（Satisfaction） | | | | | | |
| ドリーム・ビジョン | 粘り強い実践力 | | | | | | | 到達時の喜び予約 | | | | | | |
| レベル | 1 | 2 | 3 | 4 | 5 | 6 | 7 | 1 | 2 | 3 | 4 | 5 | 6 | 7 |

幸福を求める人生ロマンロード

ば、自ずと夢実現ロードが拓かれていく。強靭な意志力の持続・コントロールがいかに大切かであるかを考えさせられる。

④人生では、人は仕事と家庭生活、社会生活の中での自己の立ち位置を決めている。社会的なビジネス活動への参加で報酬を得て、一方では消費者として経済活動の一翼を支えている。強烈な仕事の夢をものにすれば、スキルアップ・業績アップ・所得アップに結びつく。夢・浪漫への挑戦は、スタートラインで何を目的にするかが大切である。

成果を得るには、夢次元から願望次元、さらに実現に結びつく目標レベル(ゴール or ターゲット)まで掘り下げてみる。この段階まで具体化させると、夢実現のサクセスロードマップの実行段階になる。何をなすべきかが明確になる。

目指すゴールとルートを作り、そのステップでなすべき仕事(Job)を設計していく。重要プロセスには、チェックポイントを設け、進行状況を確認していく。

今どの時点を進めているか、進行過程での障害はなかったか、スケジュールに遅れはないか、入念なチェックを重ねていくのが、夢実現をより高いレベルへ導くのである。ワンステップ、ワンステップがいかに大切であるかを再認識させられる。

⑤人生ナビマップは、外部から提供されるものでもなく、あなたが作った自作のナビマップである。ドリィーミー・ビジョン・ロードを順調に進むには、重要なポイント、ポイントで手を抜かず、1歩いっぽあなたのサクセスロードを諦め

ず粘り強く歩き続けることである。どうしても成功したい・させたい・させねばならない人生目標は、真剣勝負で前向きに取り組むことで実現のサミットに近づける。

　人生は成長過程で、それぞれにライフ・スタイルは変わっていく。人それぞれの人生の願望（夢）を成就させるには、強い信念を持ち必ず成し遂げる意志力を強固にし、挑み続ける燃える挑戦心を湧き立たせるのである。やり遂げるまで決して諦めない敢闘の精神を、持ち続けることが求められる。物事に熱中し、熱心に励めば困難に出合って、これを切り抜ける強靭な心が芽生え、アタックに駆りたてるのである。

## 8. 人生は夢の大きさと努力で決まる

### （1）アタックを続ける人生

　人生に志と夢を持ち挑み続けている人は、実に幸せな人生だ、夢の実現に向けて、どうしたら人生目標をものにできるか、考えて考えて・悩んで悩んで、挑み続ける自分を、時にはなぜこんなにまで苦闘しなければならないのか、自己嫌悪に陥ることもあるだろう。この繰り返しに疲れ、音を上げる人、いやこれが自己成長への試練だと、チャレンジし続け、己にムチを打ち続ける人がいる。こんなすごい人生と対決してみませんか。

　未来の栄光を勝ち取るために。チャレンジすることを楽しむようになるには、小さな成功体験を積み上げていくことで

ある。夢を小さく区切り、ステップ・アップテーマに挑んでみる。道は拓かれると信じて、チャレンジを続けよう。

未来に希望をもちプラス発想で、人生を切り拓く人には、幸運の女神が微笑みをくれる。幸運は待っていても巡って来ない、自らがつかみとるのだ。他人に言われてやるのでは、やる気の自発エネルギーも生み出せない。それは自分の考え方次第である。あなたが決めて変えるのだ。

自望・自決・自動が、真の自発性発揮の源ではなかろうか。思いっきり自分のやりたいことを夢の絵に描いてみよう。1歩1歩着実に努力を積み上げれば、夢の花が咲くと信じて、粘り強くアタックを続けよう。

（2）努力自分説で人生を拓く

努力を続ければ人生は、自分が描いたとおりに「姿」を変えてくれる。イギリスの著名な著述家サミュエル・スマイルズは「人生で自分を高いレベルで完成させるためには、自ら努力するより、他に方法はない」と説いている。

前提は努力自分説なのである。自考・自発・自効のパイオニアワークである。それは他への依存では不十分で、先ずは自分自身が自助の精神に目覚め、不断の実行努力をしなければならないのである。自発・自律の大切さを学ぶべきである。

人間としての一生の大事業は、毎日の生活の中で絶えず自己研鑽に務め、根気強く誠実な心を持って、よりよく働くことにより成就される。1日いちにち着実に確実に、たゆみな

い勤勉と自己改革に努力を傾けることで、人生の成功ロードを歩むことができるのである。

　強い信念を持ち続け、自己のビジョン・プランの実現に挑み続ける。これまでの人生をふりかえって、何年生きてきたか。これからの人生どう生きるか。人生の長短で、人生価値を測ることはできない。どんな人生目標を持ち、挑み続け自分力向上で、どんな社会貢献（業績）をなしたかである。

　人のために役立つ仕事をすればするほど、感動・感激のレベルは高くなる。意識して価値ある人生を創造したいものである。生きる目的を求め続ける求道者の心を持ち、未見のテーマ実現に挑戦を続けてみよう。毎日が楽しくなり、燃えるような人生となっていく。


　良くない考えを避け、良い考えをとるかどうかで、意固地な人にも、その反対の理想的な人間にもなりえるのである。1人ひとりの人生は、前向きな努力を続けることで、自分が描いた姿に変わってくるという。自分の望む事を実現したいと強く望むこと念ずることだ。

　成功する人の共通項は、明るく朗らかである。この人達こそ人生に喜びと楽しみを見出すことができる人である

　さらに善循環軌道が伸びていく。

　一方、年中いらいらと不安にさいなまれ、満足を知らない人は、不安や悩みに押し流されやすく、幸せや心からの満足を得ることが難しい。自分の考えに固執し、他人の意見に耳

を傾けない、自己中心で硬直的な人には、誰も寄り付かず疎外感を味合うのみである。

そんな人は自分の性分をほんの少し抑えて、環境順応を試みないばかりに孤独に苛まれ、不幸な人生を送ることになる。オープンマインドがジョイフルライフへの道を拓き、新鮮な喜びを日々味合うことができるのである。

(3) 人生の満足感を得る秘訣

①人生の折々に満足感を得る秘訣は、小さな悩みにくよくよしないことである。そのためには、ささやかな喜びの種を探すことである。先ずは小さな種を播き芽を出させる。最初から大きな事に取り組んでも、喜びを手に入れるのは難しい。もうちょっと主義で少しずつ前に進んでみよう。その1歩が次の飛躍につながる。つまらぬことをことさら深刻に考える人には、ペルセウス（ギリシャ神話の英雄）は、次のような忠告を与えている。

「希望と自信を失わずに前に進むこと。これは人生の重荷やつらさを充分に味わい尽くした、人生の大先輩からの忠告だ」。まさしく人生への金言である。

②どんな事が起っても、われわれはまっすぐに前を見つめて立ち向うのだ。そのためには、さまざまな彩りをもつ人生に、明るい気持ちで身を任せてみる。さもなければ生きていく活力も消え失せてしまう。人の世界に生きるはただ一度のみ（ゲーテ）である。貴重な人生を無駄にしたくない。

人生で成功するには才能も必要だが、気質もそれに劣らず大切な要素であると言われている。人生での幸福は平静さを失わない性格・忍耐力と寛容性、周囲の人たちへの好意や思いやりに心を注ぐことだ。このために良き人間関係づくりは人生を豊かにするのに大切な事である。長い人生1人のみでは何も出来ない。人々との社会の輪に入ってみる。協力・援助の中で、あなたの夢は大輪の花を咲かせていく。

## 9. あなたの人生で叶えたい夢は

(1) 人生夢路プラン

　①人生80年時代を迎えている。1人ひとりの生涯計画をかなえるには、十分な時間を持っている。平均的な生涯年数80年は日数で29,200日、時間では700,800時間になりる。さらに分単位にすると、42,048,000分となり、秒換算では、2,522,880,000秒ともなる。いかに大きな数値であるかが分る。

　この人生時間をいかに有効に使うかである。1度しかない人生、1日しかないその日、心臓の鼓動と重なる1秒1秒をどう意識して送るかである。貴重な人生時間を有効時間にするか、無意識のうちに時間を浪費するか、人生の終末を迎える時に自分の一生が喜びであったか、悲しみであったかが決まるのである。心して1日いちにちを送りたいものである。

　②人生夢追いプランが未だ作れていない人は、早めに創ってみることをお奨めする。人生夢路プランを思いっきり、精

一杯描いてみよう、欲張りな人生プランでいい。今はとても実現できる自信はない……それで良いではないか。すぐに実現できることは夢ではない、それは単なる課業でしかない。

　自分の生涯をかけて挑み続けるのが夢ではないだろうか。夢とは人生どう生きたいか、未来ビジョンのデッサンである。より良く生きる、生かされる、生きがいのガイドマップでありたい。思いをこめて壮大なビジョナリー・マップを描いてみよう。

　③世の中が変化・進化すれば、人々の価値観も変わり、ライフスタイルも変わる。社会の進歩はモノからコトへさらにマインド・ファーストに移っている。仕事でもファミリーライフでも、生活を楽しむ、仕事を楽しむ、新しさを創り出すのに喜びとやりがいを感じる。クリエイティブライフづくりに取組むことで幸福感は高まってくる。毎日が楽しくなる。

　プランの実行過程では、いろいろなアイデアを生み出し、自分力発揮のチャンスをものにしよう。変化から逃げるのではなく、変化に真正面から取り組む。あなたの人生は想像以上に変わってくる。期待を持って夢現ライフにチャレンジしてみよう。

　④このためにはあなたの活動領域、交流エリアを広げてみる。仕事でもプライベートライフでも、今までにない新情報・トレンドに興味を持ってみる。ボランティア活動・コミュニティー交流など、活動範囲を広げれば、異体験に出会うチャンスも多くなる。いつもオープンマインドであなたの

周辺を観て、好奇心を呼び覚まそう、ライフ＆ジョブワールドは大きく拡がっていき、交流の輪も広がる。未見の分野に関心を強くし視野拡大で、発想も膨らみ毎日がさらに楽しくなる。

（2）人生という仕事の楽しみ方
　①人としての喜び・幸せとは何だろうか。人はそれぞれの人生で、予期せぬ悲劇に遭遇し悩み苦しみ、予想外の好事に喜ぶ。人の心は環境と状況によって変化する。変化に逆らっても孤立するのみである。変化への順応から、変化を先導する人を目指したいものである。
　②人生を楽しくするためには、心を常に快の状態にしておくことだ。このためには身体を健康にしておくことが大切だ。不健康では正常な心理状態を保てない。健康にはバランスのとれた食事、そして適度な運動である。オープンマインドでポジティブ思考、何事にもプラス思考を貫いてみよう。心には常に快のスイッチが入っており、やる気の活性マインドが充満してくる。やる気は行動力となって、あなたの活動を活発にしてくれる。
　③そもそも、人の一生を決めるのは何だろうか。先ずは人生のとらえ方であろう。人生を夢現ロードととらえれば、夢を現実のものとしていく、ビジョナリー・プロセスに情熱を注ぎこむ、人生の生きざまを、素晴らしく美しい。かけがえのない一度きりの実りある人生にしていくのである。人生80

年として2,522,880,000秒の１秒１秒をムダにしない、一所懸命の姿勢が人生を意義あるものとしていく。

④仕事に人生に全力で取り組む姿勢とは、どのようなことだろう。何をやっても自分はダメだと、諦めの気持ちをもつ人には、成功の女神は微笑まない。神様は誰にでもチャンスをもたらすが、強い意志を持って人生に臨まない人にまで、成功の果実を与える程の寛容さはない。

成功の果実はじっと待っていても与えられない。１人ひとりが、人々にどんな楽しい・ウキウキするものを創り出し提供するかで、社会から評価を受け賞賛を受けるのである。仕事・カルチャー・レジャーのいろいろなテーマに取組み、エンドレスチャレンジを続けたいものである。

⑤人はこの世に生を享けて、かけがえのない１日いちにちを送っている。自分がもっている得意分野で何を創り出し、社会に役立つサービスを提供しているか、ティクの少なきを憂う前に、ギブの少なさに気付くべきである。人を偉大にするのは、すべて勤勉さからである。文明とは勤勉の産物である（スマイルズ）と教えている。人生時間を勝ち・感動創造時間にしよう。

これまでの人生での take :give の人生バランスシートを作ってみよう。貸しの人生か借りの人生かで、これまでのあなたの人生決算の適性度が分ってくる。もし借方過剰であれば今からでも遅くない。貸方プラスに向ってチャレンジしてみよう。

> 　勤勉さ・誠実さ・ホスピタリティーマインドで、関係する人との相互信頼を基礎に、協働関係が構築されれば実り多い人生が送れる。人と人とのより良い関係を築いていくことが、より大きな仕事をしていくスタート（突破口）となる。

（3）勤勉さ・誠実さがハッピーライフを拓く

　誰でも順風万帆の人生を送りたいと望んでいるが、なかなかうまくいかないこともある。自分だけは頑張っていると思っていても、さて他人がどう評価するかである。唯我独尊の人生の処し方では、人々からの好感・協力は得られない。

　人は1人だけでは生きられない。社会的システムの中での交流関係から、いろいろな情報ネットワークで、有益な情報を引き出し、分析・集積して自己の人生資産を増やしていこう。この貴重な人生資産の有効活用で、さらに多様なネットワークを拡げ、インテリジェント・ソーシャルワークが人生を豊かにしてくれるのである。

　これまでビジネスの世界では、最初の配属先がほぼ定年まで同じ職種で働くのが通例であったが、ハイスピードで変化するデジタル社会では、これまでの知識・技術は陳腐化してしまう。これからの社会は未知・未見の領域をいかに拓いていくかで、新しい社会システムが生み出せる。既存のワークスタイルから、あなたが蓄えている光る才能（潜在意識）の掘出しに努め、キャリア・デベロップに取組んでみよう。

## Ⅱ．ビジョナリーロードを拓くFスピリット

これまでのやり方から離脱し、ニューワークスタイルを生み出すのは、フロンティア・スピリットである。

### 1．未知への挑戦で創造する人生

（1）アランケイの名言——未来を予言する方法

「未来を予言する、最良の方法は未来をつくってしまうことだ」。天才コンピュータ学者アランケイの名言である。人々は人類の将来・未来についていろいろな現象の予測を行うが、議論するのみであれば、そのことが現実化するのは難しい。それは、花開かぬ夢で終わる。

世の中の進歩と発展をリードするのは、先進的なフロンティアである。彼等は夢想家であって超先進発想をもち、実現欲が強固な鉄の意志を備えているのである。このような先駆者と言われる人々が社会システムを変えていくのである。先進科学技術はビジネスの世界で実用化技術として開花した。地球市民が受ける恩恵は、図り知れぬ膨大さである。日常のビジネス社会でも、担当分野での日々の仕事、革新で変化をリードしていきたいものである。

（2）未来の預言と実現プロセス

未来を予言するのは夢がある。しかし、その実現プロセス

は容易ではない。実現のためのステップ、解決すべき難題が立ちふさがる。この障壁に立ち向かい、1つずつ解決をしていくところに楽しみと喜びを求めて、先駆者は新たな道を拓いていく。あなたも仕事で先進テーマに取り組んでみませんか。さらに充実した日常にするために、自分を大きく変えてみよう。

そのためには、ワークスタイル・スタンスを守りのスタイルから、攻めのスタイルに変えてみることである。こうしたい・ああしたい、そこでこんなことに挑んでみる。もっともっとやりがい、生きがいを高める人生が拓かれていくであろう。

### （3）未見・未体験ゾーンへの挑戦

未来ビジョンを描いている人は、既存のシステムやワーク・スタイルでは満足しない。現状を超える新ジャンルを、自ら拓いていく。大空の飛行がそうだ。わずか113年ほど前にライト兄弟が、鳥の如く空を飛びまわる夢を見続け実現した。空気よりはるかに重い物体が空に浮く、こんなすごい夢を現実のものとしたのだ。わずか数分地上7〜8メートル、とにかく機体は地面を離れ空中に見事に浮いたのだ。

このように人は未だ見ぬ夢を叶えるのに挑み続ける。これからも未見・未体験ゾーンへの挑戦を続ける、先進的なフロンティア、科学者は宇宙に人の生活空間を築こうとしている。スペースユートピアビジョンの実現はすぐそこまで来ている。

これまで人は人生でこんな事をしたい、あんな事をしたいという、いろいろな未体験ゾーンに、人は果てしない夢を見てきた。これからも人それぞれに絵画が好きな人、音楽に癒しを求める人、スポーツに興じる人。仕事もそうである。仕事を人生の最高の喜び実現の対象として、自己のあらん限りの情熱をぶっつけ、日々挑み続ける人は、この上もない喜びの人生を送れる人である。さあ、あなたも夢に向ってさらに飛翔を続けよう。

（4）かけがえのない一度きりの人生
　せっかくこの世に生を享け、かけがえのない一度きりの人生を、思いっきり飛撃(はばた)いてみたいものだ。世の中に、際立つ何かを遺しての一生にしたい。そのためには、一生を通じてのライフビジョン・ライフワークテーマをもつべきではなかろうか。テーマ実現に向っていかに挑み続けるのを楽しみ、新しいことやりたい・やり遂げたい思いをもち続け、希望の明日に向って挑み続ける日々にしたいものである。

　自己のテーマに挑み続ける姿勢が、時には踠(もが)き苦しみながらも、人生を愉しく生きがいをもって生きる、挑む人生となっていくのである。自己の人生シナリオを、自らが主役で演じられるのである。このめぐまれたチャンスをいかに生かしきるか、一度きりの人生、悔いなきものにしたいものである。強い願望を持ち続けよう。

## 2. 人間の凄い知力と挑戦力が革新を生む

（1）世の中の変化・進化への知的好奇心

　急ぎの仕事、難しい仕事は、多忙な人に任せよという。忙しい人は発想が柔軟で、仕事の重点ポイントをつかんでおり、処理スピードも速い。恐らく多忙さの中でも、いろいろなアイデアを生み出し、いくつもの引き出しに知恵のストックがされているのでしよう。仕事の出来る人の知的能力は、常に情報のリサーチとインプットで、メンテナンスもされている。多様な問題解決に対応できる、オリジナルスキルの蓄積も豊富である。

　こんな好奇心旺盛な人の共通項は、世の中の変化・進化への知的好奇心が強く、いろいろな事例についての緻密な分析と、あるべき姿の構想力がすごく細密になされているのである。私ならどうする・どう変えるかのアイデアシューティングを楽しんでいるのである。


（2）見る・知る・生かすの、サイクルを廻す

　発想が豊かで柔軟な人は、生きるスタンスもポジティブで、夢を叶えるアイデアをあたためているロマンティストでもある。今はやれないが、何年後には「やれる・やってみせる」と思い続ける「信念」が強固である。そんな人はうきうきする長期のロマンと実現プロセスの、エンジョイシナリオを描

いているのである。毎日が楽しくてたまらない。

そんな人は好奇心が強く、見るもの聞くもの全てを、夢実現のヒントとして吸収する。世の中の変化や経済・文化・芸術・技術への関心も強く、見る・知る・生かすの、㋻・㋺・㋪のサイクルを常に廻している。

（３）課題解決のアイデアシューティング

いろいろな課題を解決するためのインスピレーション（霊感）は、壁にぶち当った時に突然生まれるのでなく、それを生み出す日頃のアイデアシューティングとストックが必要であろう。これがニューシステムの企画段階で、多種・多様なユニークアイデアの創造に生かされる。この段階では制約条件を外し、ベースアイデアをもとに、異次元・多次元……奇想天外の派生アイデアを縦横無尽に生み出し、アイデアジャングルを作っていく。

このようにノンバリアーで、発想ツリーを次々に拡げていくのである。特に異次元発想人は、人がやらないこと・できないことに興味を示す。新分野の開発・開拓へのチャレンジがユニークな開発付加価値を生み出していくのである。

アイデアシューティングを試みる時に、例えば創造力を働かせ１つの絵を描いてみる。試みに丸を描いてみればただの丸、その丸に少しだけ影を描くと球体に見えてくる。その下部にまた影を描くと、球体が浮いてくるから不思議である。

背景に無造作な線を描けば地平線に見える。球の隣に小さな人を描くと、その球の巨大さが分る。このように見えてくる錯覚を起こす。

　これがインスピレーションの連鎖となり、次々にアイデアが閃いてくる。平らな紙面に描かれた絵は立体化し、天空に飛び出すかのような想像力を育んでくれる。このストーリーは漫画家が絵を描く時の、発想のビジュアル化のステップである。ＳＦ作家は、人が夢見るフィクションの世界を見事なタッチで描き上げる。人間型ロボット（ヒューマノイド）も、既に遠い昔に描かれており、フィクションはリアリティー化していく。イノベーションはこの世の中のフューチャー・ビジョンを、次々に具体化していくのである。

## 3. ゲーム脳が人生・仕事を楽しくする

（１）仕事を楽しむのはパラダイムシフトが必要

　人間らしい感情や創造性をつかさどる、前頭前野がゲーム感覚を高めるという。いつもやっているルーチンワークは、定型化され習慣化されて、単調な仕事は予算やノルマがプレッシャーとなり、ミスやトリコボシのない今までのやり方で、仕事をこなしてしまう。このような守りの姿勢は、変化を避け現状を維持したい防御本能であるが、これからどう離脱するかである。それには思いきったマインドチェンジが求められる。

現状維持ではマンネリ化が進み、やがて考えは陳腐化する。リスクはあるが、視点を変えて仕事をゲームととらえ、前頭前野を働かせ、仕事を苦しむから仕事を楽しむに大きく発想を切り換えてみる。ゲーム感覚は脳を活性化させ、うきうきで、どうしたらできるか必死で考えるようになる。

（2）疑問が湧いたら探求心を働かす
　アイデアは直ちに実行に移して、実現可能性を確かめる。仕事にもこのゲーム感覚を取り入れてみたらどうだろうか、同じやり方を繰返していても、結果は変わらない。この繰り返しではついにはマンネリ病に陥ってしまう。この悪循環に陥らないように心すべきである。思いきっていろいろな視点から多面的に組み替え、考えられるベストメソッドを、1つひとつチャレンジ・トライしてみよう。結果は変わると信じて続けていけば興味も湧いてくるし、さらに探求心も深まる。
　いろんなことに関心をもっていると、思いがけない発見にでくわすことがある。「オヤッ、これは何だ？」から始まる好奇心が創造力を育む。ふだんの生活の中で「オヤッ」と思うことがあるはずで、これがいろいろな事に関心をもつ好奇心のスタートとなる。世の中のいろいろな現象・変遷に、何でそうなるのか、その原因系に探求心を起してみる。
　これ何だろうと疑問がわいたら、それが真の好奇心・探求心である。これを深く探求していけば、新発見に結びつく喜びを味わえます。ゲーム感覚で取組んでみれば、楽しんでや

れる。

　人は個性や好みによって好き嫌いの対象が違ってくる。好きなコトには、より深く知りたい、その仕組みや成り立ちにも深い関心をもつようになります。さらに考えを進めてその本質を追求したくなる。要は、好奇心の芽を育み続けることである。

　次々に発想を飛躍させ、自己のオリジナルに作り変えてみたい願望が強くなる。創造心の目覚めである。このように創造心・創造力は問題意識・好奇心から始まるのである。幼児期に発した「コレハナニ・ナゼ……？」の、エターナル・ベビイー・マインドを思い出してみよう。好奇心は探求心に結びつき、新たな仕事の「楽しみ」の世界を拓いてくれる。

## 4. ダーウィンの適者生存の法則に学ぶ

### （1）種の改良が進めば古い種は淘汰される

　①生存競争は一般的に習慣や構造面で最も近い関係にある者同士で最も過酷に行われるという。種の改良が進めば古い種は淘汰される。「人間社会でも新旧の戦いで、適者生存の関門を潜りぬけた者が、人間社会の発展をリードしてきた」。

　19世紀（1859）にダーウィンが『種の起源』を著わした。

　人間は動物界の頂点に立つ霊長類であることを前提に、夢想・考える・構想する……などの知的能力をフルに発揮させ、人社会の未来を拓いていく。あなたのフューチャープランを

創り、人生・仕事の夢を「ワイドにロングに、ドリミーライフ創造」に挑んでみよう。デイリーワークが楽しくなってくる。

②人類の歴史はＢＣ5000年から始まり、ＡＣ1800年まで6800年の緩やかな発展史を創ってきた。文化的で豊かな生活スタイルを生み出したのは、18世紀の産業革命（1765）以降である。

ヒト属の出現は250万年前、さらに現在の人類ホモサピエンスは、知性と英知を備えた高等動物であり、これへの進化は3万年前らしい。一世代30年として「1000回」の世代交代を繰返し、今日の高度で多様な人間社会を創り出してきた。

種の起源と進化に学べば、適者存続の法則に適う種が、何万年の生存闘争に勝ち抜いて、今日の繁栄をもたらしたのであろう。

これからも人類が発明した、インテリゼント・ツール（コンピュータ）を活用した、パラダイス・ワールドを開拓していく、素晴らしい未来の夢実現に参加したいものである。

（2）適者生存の法則

現代社会を生きる者にとって、種の起源と進化に学ぶことは多い。過酷な競争環境の中で生存競争を続けてきた、適者生存のメカニズムが働いているのである。「自然選択というのは環境が安定していて、種がその環境にうまく適応していれば、その種の標準からはずれた個体を排除してしまうこと

をいう」らしい。適者存続のルールが働いているのである。

　変異をもたらすのは、遺伝子の組み換えや突然変異で、これは野生でも飼育でも同じ率で発生するが、野生のほうが遥かに情け容赦なく変種を駆逐してしまう。生きる為には種の益にならない固体は淘汰される。我々が生きる人間社会では変化を好ましい方向に誘導する、グッド・チェンジ・ピープルでありたいものである。

（3）人間はひ弱であるが考える葦である
　人間は地球上の動物で唯一の知性をもつ高等な動物である。考える力、物事の良否を判断する力、感情という心の作用、さらに高度な創造性・構想力をもっている。フランスの哲学者パスカルは無限の宇宙に比べれば、人間は葦のようにひ弱であるが、それを知っている人間は「考える葦」として偉大であると説いている。

## 5．改革の意志と想像力を磨く

（1）エミール・クーエの自己暗示の四法則
　現状を変え、よりよい社会の仕組や、仕事スタイルを創り出していくには、ポジティブで、ビジョナリーマインドが高いことが成功条件となる。ネガティブ思考を払拭して、クリエイティブ・ビジョンをもち続けることである。強固な意志で目的意識をもち続け、挑み続ける姿勢が、現状の改革を成

功に導く。

　改革の（意志＝想像）で現状を変えていく（Will<Create)＜エミール・クーエの自己暗示の4法則＞拓いていけば、あなたの夢は花開く。

　①意志と想像が競いあえば、勝つのは常に想像である。病に苦しむ人が心の中で悪くなる想像をすると、治りたい意志があっても悪くなる（病は気からの譬(たとえ)がある）。

　（仕事を楽しくやっていることを想像しながら取り組んでみよう。期待する変化が起きてくる。イマジネーションは、すべてポジティブにハッピー＆ジョイフルにすることで、希望の未来が拓かれてくる。ハッピーエンドを夢見てアタックを続けてみよう。）

　②想像の強さは意志の二乗に比例する。

　「人前に出て、あがってはいけない」（意志）と思うと、よけいにあがる。これは「あがる自分」の想像の方が強いからである。あがらない自分を思いうかべて（想像）みよう。強烈な自己イメージは、自分をその姿に変えていく。願望心が湧きあがり、自己変身のマインドパワーが湧き出してくる。

　③意志と想像（決意と思い）が一致したとき、そのパワーは、足し算ではなく掛け算になる。想像を越えるパワーが発揮される。こんなコトをしたい、こんなすごい自分になりたい、強い意志と「できた・なれた自分」を想像してみよう。

　④想像は誘導できる。「結婚する」という意志を固めるのは大変であるが、「結婚した自分を想像する」ことはすぐに

できる。

いくらでも自分の都合のよいように（誘導できる）と考えてみる。仕事でトップの成績になった時の喜びを創造してみよう。気分もよくなり、さらにポジティブ思考になっていく。

（2）自律思考か他律思考をとるか

①「人生は思うようになっていく」ことも正解であり、「人生はなかなか思うようにならない」ことも正解でである。自律思考をとるか、他律思考かでその結果が分れる。よいことを想えばよいことが起きる。未来志向で目標をもつだけで、人生も仕事もガラリと変わってくる。気のもち方でその後が決まる。目標は1つよりも多い方がよい。人間の脳は、もともと目標のある行動向きにできている。

②思わないことには何も始まらない。こんな自分になりたい、こんな目標を達成したい、この思いを強くしていけば、実現願望が強烈になり、目標実現へのアタックが始まり、結果が見えてきくる。予想の変化が表われれば、さらにアタックを続け遂に思いは成就する。この成功体験が、次のアタックに駆りたてる。そのアタックの繰返しが予想外の成果に結びついていくのである。

③人間は1つの欲求（目標）を成し遂げれば、次の目標に挑む挑戦欲・向上欲をもっている。最高の目標次元（自己実現）のサミットに向ってアタックするプロセスを楽しもう。

アタックの過程では、いろいろなアイデアを縦横無尽に

ゲーム脳を働かし、人生・仕事にいろいろな試みをしてみる。やる気と創造性が高まり、ワクワク・ドキドキの快感ゾーンに入っていく。やりだしたら止まらなくなってしまう。

(3) 改善・改革の意志を貫く

ものごとを変えていく前提は、現状否定の考え方である。今よりもっと良いやり方があるはずだ、ベターウェイを創り出していくことに喜びを見出したい、これがカイゼンの神髄である。

①仕事力を極限まで磨くトヨタの自主研（トヨタ生産方式）。

「トヨタ生産方式は世界で知られるプロダクト・システムである。その底流はすべてムダを極限までゼロ化した仕組であり、絶えざる革新の思想が根付いている」。このトヨタシステムはカンバン方式としてを浸透させ、さらに進化し続けている。

「自主研」（トヨタ生産方式）とは、自らの発意とやる気で改善に取組むトヨタならではのユニークなカイゼンサークルである。現場で起きたチョコ停（ちょっとしたトラブルでのライン停止）でも、直ちにカイゼンを行い。トラブルの発生時点で即解決が、根付いている。トヨタの仕事とは（業務＋改善）が一体となったものである

普通の会社は、仕事＝業務。トヨタは違う。常に誰にでも

現状否定・現状打破の視点で、もっと良いやり方があるが前提で、動きにニンベンをつけた働きにしている。今やっている仕事はマイニチ・カイゼン・カイリョウされていく。この地道で根気づよいカイゼン活動が、世界の自動車産業をリードしているのである。

「仕組を考え、仕組を動かし、ニューメソッドを生み出す」が新創造の泉となっている。

②想像力を高める仕事のやり方は、私達の内在する力のうちで、もっとも人間らしい絶対能力としてのが創造力でしょう。創造力を自由に駆使できるようになったとき、大きな可能性と、無限の広がりをもつ自由を手にすることができる。思い描く・思い続ける、それが成功のポイントである。

③目的意識が強ければアイデアは生まれる。キング・ジレットは、人々の役に立つ新しい商品を創って、金儲けをしようと毎日考えていた。「ある朝急いでヒゲ剃りをしていて頬を傷つけたのを契機に、安全カミソリの発明につながった」のである。

④目的意識にイマジネーションが付加された時、真の目的意識が生まれる。この目的達成のためには何が必要か、見るもの聞くものすべてが、貴重な情報として「脳にストック」される。この情報をベースに、いろいろな考えを組立てるのが創造力である。いかに多様な情報をインプットしておくかが創造力を高める秘訣である。

## 6. ものごとの本質を読み取る10のヒント

（1）いろいろな事の成り立ちの基本原理

いろいろな改善テーマに取り組む際には、物ごとの成り立ちがどのようになっているか、メカニズム・プロセスをつかむことが大切である。本質をとらえて変革に取り組めば革新の成功率も高くなる。物事を変えていくには、いろいろな事の成り立ちの基本原理をつかむことが大切である。闇雲に取り組んでもなかなか結果は出ない。核心まで追って、原因▷経過▷結果のサイクルで、問題の本質に手を打てば、期待する結果が見えてくる。本質・根本の発掘を大切にしたい。

（2）もの事の本質をつかむ10のステップ

①何を行うにも先ず要点をつかむ。

ビジネスも社会システムも、いろいろな要素が複雑に絡み合い一体どうなっているのか、よく分らないことが多い。そのメカニズムを知るには、物事の核心をつかむことが大切である。

新聞や書籍を読む際は、タイトルと目次・冒頭の部分を読めばほぼ要点はつかめる。仕事の指示も要点を絞って、その重点ポイントを繰返し伝えると、相手は受け入れやすくなり、理解もすすむ。

物事の本質（要点）を掘り込む。核心まで迫ってそれは何

かをつかむには、「なぜか▷なぜか……Ｗｈｙの５乗と、そのモノ・コトの成り立ちの核心に迫ることである」。カイゼンとはそのことを変えたら、どんな効果があるか、その影響の大きさを予測してみると、カイゼンの影響度と大切さが分る。

②解決のヒントを先に探す・先に知る。

未知のコト、難しいコトは、理解するための「入口・着眼点を予め知っておくことが、内容の理解を速くする」と言われる。

「自分の知識で分らないことは専門家に聞いてみる。教えるときはヒントを与えて、後は相手に考えさせることが、考えて理解を深めるポイントになる」。自考・自働を経て、人は知得・体得でノウハウ・スキルを学んでくのである。

世の中はウエブ時代となり、分らない事もタッチパネルの操作ひとつで、簡単に知ることが出来るが、何故そうなるのか・物事の成り立ちを考えてみることが、カイゼンのヒント探しに役立ち、自己の知恵として蓄積されていく。

③複雑なことは分解してみる。

「複雑なことは、簡単な要素に分解してみる」。大きな数字も０〜９の組み合わせである。多種多様な色彩も、元は、赤・青・黄（光は赤緑黄）の３原色の組み合わせである。複雑を簡単にするのが、本質をつかむには早道である。

知恵を働かせない人は、複雑な問題をさらに複雑にするという。知恵を働かせる人は複雑な問題も簡単に分解してしま

う。「複雑の簡単化が問題解決の基本セオリーだ」。

簡単化のステップは、物事の構成要素と重要度を探す、その中でどの要素を外せば、どんな影響があるかが分れば、重要度が明らかになる。重点要素の因果関係から、解決の糸口がつかめてくる。

④職場環境の５Ｓ（整理・整頓・清掃・清潔・躾）で、業務改善の基礎づくりを進める。

ごちゃごちゃしたオフィスより、片付けられたオフィスが人の動き、仕事の流れは良く分る。なぐり書きの書類よりも、よく整理された書類は、正しく伝わる。オフィス・生産現場・ストックヤード……での「５Ｓが合理化・カイゼンのスタートとなります」。モノの５Ｓの次は、仕事の３Ｓ（単純化・標準化・専門化）となる。

⑤気付いたことはすぐメモする。

ものが見えるというのは、新発見であると同時にひらめきつまり発想である。「気づいたことはすぐメモする」習慣をもつことが大切である。メモを再度見直してみると、新たな発見もある。人は書くことで、脳にメモリーされ、情報の整理・分類で、実行可能信号に変えてくれます。面倒くさがらず、メモの習慣を身につけることである。

⑥比較してみる。

同じテーマのデータを、毎日記録を続け、１ヶ月２ヶ月３ヶ月と経過した時点で、「その経過を比較してみる」と、変化がつかめる。自分の仕事記録を、他の人と比較してみる

のも、課題発見につながる。さらにあるべき社内標準・基準と比較対照してみることで、レベルアップの程度が分ってきて、さらに努力を続ける励みとなる。

⑦一部を変えてみる。

　ａさんがやっていた仕事を、ｂさんにもやらせてみる。仕事のやり方の違いから、カイゼンのヒントがつかめる。デスクのレイアウトを変える、コピー機・パソコンの置場所を変えてみる。

　仕事の動線変化から、オフィスワークの問題点も見える。仕事の流れもレイアウトもそのままであれば、問題点・改善点も見えてこない。「先ずは少しずつ変えてみる」ことから、今まで見えなかった隠れた改善・ポイントなどの意外な発見もある。

⑧視点を変えてみる。

　お客さんと接する機会の多い受付・セールスマンは、立場を変えて、「もし自分がお客だったら、どう感じるか、どう反応するか」、こんな接客では、こんな商談ではまずいな……と、問題点が見えてくる。

　見方・接し方・立ち位置を変えれば、いろいろな問題点が見えてくる。自分の立場・見方を相手方に立ってみるには、自分がその立場になった時の事を思い出してみることである。

⑨意見のキャッチボール。

　１人で沈思黙考するよりも、「複数の人との交流・意見交換」から、いろいろな見方・発想で、物事を多面的にとらえ

ることができる。いろいろな視点での意見・提言は、1人では見えないものが見えてくる。2人以上であれば意見のキャッチボールができる、1つの問題提議から、いろいろな視点からの意見も出てくる。意見が複合的になれば、アイデアのサークルも連鎖的に拡大していく。

⑩こだわりをなくし素直になる。

ものが見える究極のヒントは、「素直であること」である。いくら複数で話し合い、アドバイザーから意見をもらっても、柔軟さ・素直さがないと何も変わらない。こだわりは大事だが頑なさからは学びの成果は生まれない。

頑なになっていると自分の見方は正しいと思い込み、自分の考えは絶対正しいと、考えを変えようとしない。貴重な参考意見も役立たない。柔軟さ・素直さはオープンマインドから生まれてくる。自分の考えに閉じこもらず、マインドオープンを試みてみよう。

## 7. 心を変え・態度を変え・人生を変える

ものごとを変えていくには、変えようとする強い意志力が芽生え、どうしてもやりたい・やり遂げたい、強い信念が湧き出せば、自ずと行動に結びついていく。世の中の変化に関心・好奇心を寄せてみることから始めてみよう。

（1）人生を変える・強い意志と信念
①意欲──何かを成し遂げる強い気持ちをもつ。

心理学では、意欲という内面的な動因は、外部にある何かの具体的な誘因に、誘い出されると言われている。それに向かって動き出すのは、例えば空腹で目の前に美味しそうな食べ物があって始めて食事ができる。どちらが欠けても食事はできない。仕事の世界でもそうだ。子供が大きくなり、手狭になってきたアパートから郊外の個建住宅で、ゆったり・快適なマイホームを手に入れたい。これをぜひ実現したいという、強い気持ちとわき立つ欲求。さらにその事を成し遂げられるという、自信や確信があれば、仕事へのチャレンジの意欲もチャレンジパワーも増してくるものである。何事も強く念ずることだ。

先ずは思い願いを強く深くすることである。意欲を高めるとは、自分は何をやりたいか、衝動的な心を起すことから始まる。どうしてもやりたい、強い欲求（desire）を起すことが、チャレンジテーマへの取り組みに駆り立てるのである。先ずは強烈な思いをもつことである。

②頑固さと執着心──信念をもってメンバーをリードする。

あなたがチームリーダーであれば、自分の役割・責任、さらに強い使命感で「これをしたい・やりたい・やるべきことがあるはずだ！」という気持ちで、チームを率いてみれば、あなたは理解され、信頼されるようになるのである。

チーム活動のレベルアップのためのチャレンジテーマへの

執着心が、身体全体で語りかけるような人でありたい。自分の思いを、情熱をもって訴え、自信をもってメンバーの琴線を響かせる。あなたの燃える心にメンバーは動かされる。

コロコロと考え方を変えたり、行動にムラがあれば、チャレンジテーマを推進するリーダーとしての信望・信頼は得られない。チームメンバーは、いつもリーダーの意志力と率先行動を注視している。不退転の強い思いで、チーム成果を高めていく、強いリーダーを信頼し期待感を強くる。

③達成の動機づけ（意欲を実現願望まで昇革させる）とは何だろうか、日常の生活の中でいろいろな事に出会い、その時にふとあることを、どうしてもやりたい・やり遂げたい思いが強くなってくる、この思いをもち続けることである。途中で諦めれば、心理的に欲求不満状態になり、これからの離脱に挑むはずである。

どうしてもやり遂げたい強い願望をもって、簡単に諦めないで粘り強く取り組んでみる。取り組む過程で、成功・失敗のいろいろなケースに遭遇する。粘り強い忍耐・強い燃える目標実現意欲を、持続させるのは想いの強さである。

④目標達成の意志——目標≦実績をやり抜く確固、具体的な目標を定めれば、それを成し遂げようという強い意欲が起きてくる。これが達成の動機づけである。これが強い人もいれば弱い人もいる。この個人差は非常に大きい。ただし達成動機（何かを行うときの直接の要因となるもの）づけの強い人ほど、自分が努力すれば成し遂げられる現実的な目標を設

けている。

　一見強そうに見えても、過大な目標を立て、自己を誇示する傾向の人は、達成動機が弱い人に多い。性格特性と成長過程での、困難打破の経験が少ないものと思われる。性格・能力・心理パターンによって、目標レベルと内容を決めるべきである。

　（2）1日いちにちを意味ある日とする
　いろいろな目的・目標は、やる気と行動が目指す到着点（ゴール）である。ゴールが曖昧であれば、ゴールへの到着は約束されない。目的が定まらない、成り行き任せの1日を送る人には、刺激も感動もない。残るのはむなしさだけである。そんな人生ではつまらない。1日いちにちに生きる意味をもたせたいものである。
　「今に全力投球する『而今(にこん)』に学ぼう」
　「禅語に而今という教えがある。『今』を大切に生きることである。取り戻せない『過去』や、まだ起きていない『未来』にとらわれ後悔したり、不安を抱くのは、『今』をきちんと生きているとはいえない。先ずは『今日』を精一杯生きよとの教えである」。
　人生の大きな目的は、「経験と知識を生かした絶えざる改革実践」であり、そして自己目標を成し遂げることである。何にでも挑んで挑み、励んで励み続ける人は幸せである。人生の喜びを高めていく幸運な人なのである。

## 8. 自分力・仕事力を高めるポイント

### (1) 開発マインドが新しい可能性を拓く

　会社が生み出す商品やサービスが、市場のニーズ変化に対応していくには、ユーザーに先行したウォンツ（欲求）を先取りして（変化を仮設）商品化の提案をしてみる。そのポイントは新価値の創造での顧客期待への対応である。人は本来新しいもの、未見のニューグッズ・イベントには強い興味・関心を示す。今の仕事のやり方から離脱できないままでは、世の中の欲求・価値観の変化・向上に対応できない。

　意識変革と創造的な破壊で再創造を試みれば、進化の本質に迫る改革のチャンスは広がり、開発マインドが可能性を拓いていく。

　リーディングカンパニーのプロ社員として、成長願望を強くし、日々強くなる競争市場で、今までの商品やサービスを、これまでのやり方・システムで作り続けていく変化のない毎日の習慣から離脱し、進化の競争に飛び込んでみよう。

　進化の渦中に入り刺激を体感し、変える・変わる・変え続ける変化先導人になるには、「存在価値を認められる考え方・変化先導・目標貫徹力を備える」強い思い入れ・信念が必要である。

（2）先ずは自己改革のスタートを

　自分力・仕事力を高める成功ポイントは、仕事チャレンジ目標をキャリア・アップのチャンスととらえ、パラダイム・シフトで、現状維持から現状打破、破壊と創造にチャレンジしてみましよう。

　これまでの仕事の考え方・やり方の総点検で、大胆に細心に現状変革のプログラムを組み立ててみる。実現のために、カイゼンのシナリオを行動計画にして、日々の活動に落とし込む、これが自分力アップと仕事力アップの、強力なパワーとなっていく。先ずは自己改革の動きを始めよう。

　仕事の中で自ら発見した問題の解決策を考え、実行に移していく、あなたがチェンジ・メーカーとしてのモデル行動で、イノベーションパワーを生み出していくのである。変革を先導するチェンジ・リーダーの役割と責任を自覚しよう。私が会社の成長を担っている自負心に目覚めれば、やりがいは大きくなる。


（3）仕事力を磨き上げる秘訣とは何か

　①日常の仕事・人生目標へのアタックを試み、その結果に一喜一憂しないのは、集中力を維持するうえで大切なことである。よく考えてみるとチャレンジ目標に対して、結果の良否を分析しても、結果は変わらない。良い結果を出すためには、プロセス重視の考え方に変え目標へのトライをする前に準備段取を入念に行うことである。

②ものごとの結果には、実行過程でどんなことを行ったか、行動に着手する原因・動機は何か、プロセスに重点を置いた行動を明らかにすべきだ。「目標達成のプロセスは、トライアンドチェックと、リビジョンが基本ステップである」。目標達成度の高い人は、達成度・効果度の高い方法を探し組立てた人である。

③何かを成し遂げようとする強い意欲を高め、やり始めたら私が決めた目標であるとの強い自負心をもち、この事をやり遂げようとする強い気力が、周囲の人々をも巻き込む。人の心に強く響く感化力・迫力をもち、何かに取りつかれ燃え立つような情熱で初志を貫徹する。この粘り強い強靭な精神力こそ、変化の時代を生き抜く大きな力となる。

④何事もやり抜くためには、強い精神力とともに、実行の技術・スキルを磨くことが大切だ。仕事の過程でレベルアップの具体的テーマを設け、何をどのように、どの位、レベルアップの細目を設け、粘り強い反復連打を続けていく。

⑤思わないことには何も始まらない。こんな自分になりたい、こんな目標を達成したい、この思いを強くしていけば、実現願望が強烈になり、目標実現へのアタックが始まり、結果が見えてくる。予想した変化が表れれば、さらにアタックを続け遂に思いは成就する。この成功体験が、次のアタックに駆りたてる。そのアタックの繰返しが、予想外の成果に結びついていく。

（4）変化をリードするチェンジリーダーとは
①ファースト・ムーバーの条件

　変化が激しい競争市場では、これまでの商品・サービス・システムでは、競争に勝てない。ライバルに先んじてユニークな商品・サービスのマーケット投入で、競争力を高めるには、強力なイノベーションマインドが必要である。ファースト・ムーバーになるための条件は次のようになる。

　☆変化を恐れない人・変化を楽しむ人・変化に挑む人。
　　——向上心・成長心・挑戦心が充満している。
　☆変化を先導する人・変化を創る人・変化を起こす人。
　　——夢を実現するために変化を先導する。夢の実現に向って挑戦する人で人みな師、学ぶ心、学ねぶ心の強い人。
　☆できる・できる、やれる・やれるとポジティディブな発想をする人、それを情熱をもって実践に移す人。
　☆新しいモノを創り、お客様に喜んでもらうことに喜びを感じる人、ホスピタルマインドが強い人。
　　——破壊力・創造力・判断能力・実戦力にすぐれ、人への役立ちにやりがいを感じる人。
　☆創造・冒険・開拓（フロンティア）精神が旺盛な人。
　　——限界を設けず発想が柔軟で突破力がある人。
　☆変化を先導する創造力・行動力・実現願望が強く粘り強く、目標に向って着実に挑む人。
　　——変化に挑み、変化をリードするのを楽しむ、旺盛な

好奇心をもつ人は、チャレンジャーであり、ドリーマーである。

②チェンジメーカーが目指すもの

　変化の時代に新しい価値創造をリードするのは、チェンジメーカーである。好奇心旺盛で、粘り強いアタックを続ける人であり、情熱が溢れるチェンジリーダーである。

　明日を拓くチェンジメーカーは、未見・未知の分野への好奇心が強く、自己の仕事へ応用・活用で、新しいやり方を編み出していく。変化・革新意識が旺盛である。粘り強くガッツのある人は、何をやるにもチャレンジ精神が旺盛である。

　目標達成まで諦めない、完徹心の強い人である。この向上心・改革心の発生源は何か、生来の開発マインドの高さと、挑戦心を湧き出させる、燃えるエネルギー源をもっているのであろう。その源流は、人生の遠大な夢・ロマンの実現にあるのだ。そして、ジョブイノベーションに情熱を傾け取組む人は、自己の革新ビジョン実現に、燃え立つ強い心の火をともし続ける人である。これまでのやり方を変え、新しいやり方を生み出していくには、いろいろな困難に出会うが、新しい何かを生み出そうとする、自分の心に忠実であるべきだ。

　☆人間はこの大事を成し遂げたいと思った時、強い挑戦心が湧き出してくる。究極は自己（願望）実現欲求である。自分の考えを取り入れ、社会に認められ評価され、自己実現欲を満たすことである。これが生きがい・やりがいに結びついていく。

## 9. 独創的思考を鍛える5つの力

（1）仕事への強い思い入れが自己改革を生む

これまでの仕事のやり方を一新して、これはスゴイやり方だと、周囲から評価されるオリジナリティーの高いニューメソッドを生み出すには、仕事に対する思い入れ・考え方を大きく変えていかねばならない。今までのやり方・手順を一新するやり方を編み出す。ポイントをまとめると次のようになる。

（2）ニューメソッド・システムを生み出す5ステップ
①自分の固定概念を変え、柔軟性をもたせる。
　——ものごとを見るとき、自分の考えに固執しない、柔軟性をもつことが、多様な発想で多くのアイデアを生み出すもととなる。視点・発想のバリヤーを取り外すことが大切である。
②否定的なニュアンス「否定語」を使わない。
　——素直さを信条に、ポジティブシンキングを身につけ、可能性をワイドにフレキシブルにする。パワー発揮の変換点を見出し、困難だが心をポジティブ思考に変えていく。
③いろいろな場面、多様な文化にふれる。
　——いろいろな現象・事例・イベントに触れることで、

視野を広げ、発想の柔軟性・多様性・ユニーク性を身につけ現実の課題解決に活用する。

④いろいろな専門性を研鑽している。

——いろいろな職種・分野・開発事例に興味をもち、ノウハウ・スキルを学び自己の業務に生かしている。カイゼン効果を生み出し、関係する部署にもノウハウの移転を行う。

⑤知識やノウハウをビジュアルにまとめている。

——ビジュアル化の技術も学び、イメージ力を磨き、多様な発想を絵・図で示し、プレゼンテーションに役立てる。言葉と図表で伝えるのが効果的である。

## 10. 変化を生かすクリエイティブ・ライフ

(1) 学び生かす素直な心

学び生かす素直な心さえあれば、森羅万象、宇宙にあるすべてのものが、学びの対象となる。学んだ事を生かし、その結果の成果物は、関係する人に配分し、喜びを共有できる。

新しいモノ・コトを創りだす喜びを味わえる。何かに働きかけて、今までなかった何かを創造するのが、新発見を目指す未来志向の人生だ。現状に満足していたら、進歩・進化の喜びは味わえません。ブレークスルーの考え方で、ニューメソッド創りの楽しさを体感できるフロンティア精神で、チャレンジを試みてみよう。努力の成果は報われる。

（2）人生目標実現管理の効果的なやり方

人生の自己目標達成のためには、成功のプロセス・ステップを詳細に組立て、実行軌道に乗せていかねばならない。

その基本的な手順は、

①目的・目標を明確にする。

ハッピービジョンは、何のために作るのか。その意図を明確にしておくことが大事である（ビジョン実現の狙い）。

②目標の達成方法・手順方法を具体的に組立てる。

目標達成には、対象に対して働きかけが必要である。活動の内容は5W2Hで、行動計画に書き込んで整理します。

③実行過程のきめ細かな自己管理。

目標達成の日々管理で、進捗過程を自己コントロールして、やるべき事に全力投球で活動過程の喜びを蓄積していく。


（3）人生目標づくりのポイント

・人生ビジョン
・私の人生目標——あなたは人生でどんな夢を実現したいか、ジョイフルプランを思いっきり描いてみよう。チャレンジ意識が高まってくる（ロングレンジのビッグプランを描いてみる）。
・ファミリー目標——家族の夢をストーリーにまとめて共有化する。
〇年後の家族の姿をビジナリストーリーに生かせば家族の絆も強くなっていく。「夢見て叶えるファミリービジョ

ン」を。

・ライフワーク——生涯をかけて取組む、マイライフワークを、ストリートしてまとめてみる。

## 目標管理の成功ポイント

　目標管理の成功ポイントは、やる気の高め方にある。やる気はどこから生まれてくるのだろうか。

　「人はなぜ働くのか」、「人を働かせるには」こんな自問に対して、さまざまな解が考えられます。先ず誰でも考えることは「報酬」でしょう。次に「労働条件」さらには、働きやすい職場環境などの、物理的な条件以外に、職場の雰囲気、人間関係的な環境も必要な要因ですが、人が真に満足感を感じる要因は、「やりがいのある仕事」「仕事が順調に進んでいる」「仕事が成功した」といった「仕事」そのものに関連したものであることを見出せると思われる。

◇モチベーション要因 ： ネガティブ ＆ ポジティブ

　動機づけ① — ハイゾーン要因（不満足要因）

　・報　　酬 … 仕事に見合った給料か。

　・労働条件 … 労働時間；有給休暇など。

　・福利厚生 … 各種手当・交流イベント。

　・職場環境 … 仕事をしやすいオフイス・人間関係。

　動機づけ② — モチベーター要因（積極要因）

　・やりがいのある仕事 … 自分の長所を生かせる仕事。

　・自分の評価 … 評価が上っている。

　・自分の創意工夫が仕事に生かせている

（私の夢プラン）をまとめてみる。テーマアタックのやりがいが湧いてくる。

・仕事ビジョン

・技術を生かす――あなたが得意とする技術・スキル―などをさらに伸ばし人々から評価され、賞賛される喜びを味合ってみよう（仕事に取組む意欲もますます高まってくる）。

・変化への挑戦――考え方・やり方を変え新発想で新しい

ハッピービジョン

| ヘッディング \ ステップ | 到達レベル | | | ビジョン実現のアクション | |
|---|---|---|---|---|---|
| | 1、2年後 | 3、4年後 | 5、7年後 | アクションテーマ | チャレンジアクション |
| 人生ビジョン / 私の人生目標（ライフビジョン） | | | | | |
| 人生ビジョン / ファミリー目標（ファミリービジョン） | | | | | |
| 人生ビジョン / ライフワーク（人生のテーマ） | | | | | |
| 仕事ビジョン / 私の得意なスキルをどう活かすか | | | | | |
| 仕事ビジョン / 変化を創り上げていく挑戦テーマ | | | | | |
| 仕事ビジョン / オリジナルな仕事システム作り | | | | | |
| スキルアップ・ビジョン / 人間的な素養を磨き上げる | | | | | |
| スキルアップ・ビジョン / 専門技術力を磨き上げる | | | | | |
| スキルアップ・ビジョン / 新技術を吸収し活用する | | | | | |

ビジョナリーロードを拓くFスピリット

仕事スタイルに変え、予想外の成果に結びつける。
・オリジナルノウハウづくり——今まで考えられない刮目のニューメソッドを生み出す、オリジナルプランづくりに励む。
・スキルアップ
・人間力のアップ——人としてのベストな人間的な魅力を磨き上げ、頼りにされる包容力のある人格形成に取り組む。
・専門技術力アップ——職種で必要な専門知識・技術・熟練のノウハウを磨き高める。スキルアッププランを作り、チャレンジする。

（４）夢を叶えるジョイフルプランにトライする

あなたはどんなビジョナリーライフプランを、デザインしていますか。すでに作っている人、これから作る人、それぞれに成し遂げたいテーマへの、強烈な思い入れがあるはず。

この凄いプラン達成への意気ごみは、達成願望の強さは並外れており、プランへの日々のチャレンジレベルは高い、チャレンジを楽しみ、達成した暁を夢に描き、アタックを続けていきたいものである。

「実行過程での問題解決のやり方」

ビジョナリープランの実行プロセスでは、いろいろな困難な問題も発生します。この壁を乗り越え、１つずつ解決していく過程を経て、目指す目標サミットに近づいていくのを楽

**夢実現の道・目標を叶える5つのステップ（ビジネス向け）**

| 夢を叶える<br>チャレンジシート | 夢実現挑戦人<br>宣言日　H　　年　　月　　日 |
|---|---|
| 私の夢 | 年後の私は |

　①これを紙に書いて公言し、夢追い人生に向って挑み続ければ、きっと感動の日々に大変化するはずでである。

　②毎日・毎日夢を読み返し、進捗を確かなものにするため、今日は、こんなこと＿＿＿＿＿＿＿＿＿＿＿＿＿＿をやった、こんな進歩と＿＿＿＿＿＿＿＿＿＿＿＿をしたと、喜びを積み上げる。今日は昨日と違う、こんなやり方にチャレンジしてみた。一寸の工夫でこんなにも仕事が楽しく、面白く出来た、仕事品質・納期も予定どおりできた。ニチニチカイゼンのトライを続けてみよう。

　③夢を叶える強い思いをもち続ければ、夢実現のヒントが閃く、夢実現の願望をもち続ければ、見るもの聞くもの全てが、夢実現のヒントになる（関心・好奇心・願望心を強くする）。

　あれはダメ・あれは難しいの、ネガティブ思考を変え、超ポジティブ思考に自己改革を試みるのである。

　④夢実現のヒントをつかめば、今すぐ直ちにやってみる。後で後ではスタートダッシュはきれない。結果が出なかったら、再度トライする。粘り強く実行を繰返し達成するまで、強い思いをもち続ければ、夢は叶えられる。

　⑤今日やるべきことを直ちにやれば、その結果も早くでる。失敗を恐れてやらねば、何も変わらない。いろいろな課題解決を新しいアイデアでやり方を工夫してみる。諦めずに粘り強く、信念を強くし、夢実現の道を歩み続ければ事は成る。エンドレスチャレンジが、あなたの可能性を拓く突破口となっていく。

しみなジョイフルロードにしたいものである。これからジョイフルプランに挑むあなたも、ポジティブシンキングで思いっきり取り組んでみよう。解決のステップがあなたの問題解決の貴重なノウハウとして、仕事に生かし驚く成果をものにしていこう。

　あなたは仕事人生にどんな夢を描いていますか、夢を見・夢を追い・夢を叶える。こんな素晴らしい人生づくりに挑んでいることでしょう。「毎日、仕事に追われて夢を見る暇などない」と嘆いているあなた！　もう一度夢を思い描いてみよう。こんな自分になりたい、願望を強くするのである。あなたの毎日は、楽しい夢追い人生に様変わりする。視点を変え、発想を変え、ワークイノベーションに取り組んでみよう。

**夢実現の道・夢をかなえる、5つのステップ（プライベート向け）**

夢実現挑戦人

宣言日　H　　年　　月　　日

①あなたは人生でどんな夢を描いていますか。夢・ビジョンを想い描いて、毎日チャレンジすることが、あなたのやりがい生きがいを飛躍的に高めるはずである。折角の人生、夢を見・夢を語り・夢を追い・夢を叶えよう。

〇こんな夢を描いている＿＿＿＿＿＿＿＿＿＿＿＿＿＿＿＿

〇モデルとするもの＿＿＿＿＿＿＿＿＿＿＿＿＿＿＿＿＿

〇夢実現の暁には、こんな嬉しいことがある＿＿＿＿＿＿

②皆の前で夢・ロマンの宣言を行う。

〇家族に

パパは＿＿＿＿＿の夢実現に向けて　　年　　月　　日から＿＿＿＿＿＿＿＿＿＿＿＿＿＿をキックオブする。

〇友人・同僚に

私は＿＿＿＿を叶えるため＿＿＿＿に挑み続ける。

③夢実現のためにやるべきこと、やり方に工夫を凝らす。

〇やるべきこと＿＿＿＿＿＿＿＿＿＿＿＿＿＿＿＿＿＿

〇やり方＿＿＿＿＿＿＿＿＿＿＿＿＿＿＿＿＿＿＿＿＿

〇とっておきの手＿＿＿＿＿＿＿＿＿＿＿＿＿＿＿＿＿

④夢実現への壁の破り方

第1の壁＿＿＿＿＿＿＿＿＿＿＿＿＿＿＿＿＿＿＿＿＿

第2の壁＿＿＿＿＿＿＿＿＿＿＿＿＿＿＿＿＿＿＿＿＿

第3の壁＿＿＿＿＿＿＿＿＿＿＿＿＿＿＿＿＿＿＿＿＿

⑤粘り強く・根気強く・諦めずにやり抜く秘訣

〇信念を強くして

〇意欲を高め

〇粘り強い実践力

# Ⅲ. 時間を活かす人生・仕事創造

時間は再生できない貴重資源、最少時間、最大効果で、人生満足を創造

## 1. 時間とは何だろう

(1) 時間、摩訶不思議なるもの

　私達人間という生命体の内部には、「体内時間」が存在すると言われている。この体内時計は、生物が生まれながらもっているリズム発生メカニズムが、体内時計として作動しているのだろう。単なる比喩・創造の域をこえ、じつに霊妙で細密な機能を備えている。摩訶不思議の正体は何だろうか。

　それは脳内のみならず、全身くまなく、人体細胞のさまざまな部署で働いているらしい。人体に内在する人知をこえる霊妙さは、心霊のメカニズムであろうか。

(2) 時間という概念

　本来、時間の概念は、何に由来するのだろうか。考えると時そのものは何かと言う疑問に到達する。通常、時の感覚は、体内時計と人類が発明した時計の時刻表示と、太陽の動きの外的変化で認識する。心臓の鼓動感知と、太陽の光の強弱による明暗のビジュアル認識である。人間の感知力の凄さが分る。

（3）時間の概念がないとしたら

もし時の概念がなかったとしたらどうなるだろうか。万物が動から静となってしまう。変化しない、変転しないことになり、すべてが停止状態となる。私達が生きる宇宙・地球の天地・自然は、前提を動に置いている。停止・静と置けば、不老・不死・不動・不変となり、時間も歴史も止まってしまう。

人間の英知で万物は、動・変化を前提にして、自然界の現象を組立て、変化から進化への価値観と体系を作り上げた。スピード変化の時価社会では、タイムイズバリューへの、パラダイムチェンジで、ヒューマン・ユートピアを創りだしていけるのである。再生不能資源である時間の活用について、異次元発想の時代を迎えている。時間の瞬間・瞬間を大切にしたいものである。

（4）再生不能の人生時間

永遠という無限の時間概念をどうとらえるべきか。人は一生でエンドレスの時間経過を実体験することはできない。人生時間は有限なのである。人の一生で命をつなぐことができるのは、長寿者でせいぜい100年（3、153,600,000秒）である。人の命は最新の生命科学をしても有限であり、永遠・無限の時間は生きられないのである。

古来人々は不老長寿への願望は強く、医学・薬学の分野で研究は進んでいる。近年ｉＰＳ細胞（万能細胞）など、人工

的に新生細胞の作製で、劣化臓器の再生医療の実用化が進んでいる。もし不老長寿の理想システムが現実化すれば、長寿化は愈々進み、100歳　120歳も珍しくなくなる。人生80年は昨日のこととなっていく。健康長寿化の時代を迎えられるかもしれない。長寿化で得られる人生時間を、いかに有効な価値創造時間にするかである。「人生革命時代」を迎えている。

（5）貴重な時間資源を生かして使う

　時の刻みは生命の刻みそのものである。いま、この本を読んでいる時も、テレビを観ている時も、時は容赦なく進んでいく。時間の経過をどう価値あるものにしていくか、その時間との向き合い方で、人生が意義あるものか、否かに分れてくるのである。無効時間にするか、有効時間にするかは、あなたの考え方次第なのである。これほど大事な時間であるのに、その使い方についてあまり深く考えていない人が多いのは惜しいことである。

「時間の有効活用策」

　①仕事・生活での優先順位を決めておけば、時間の有効活用ができる（重要度・優先度判断が求められる）。

　②優先順位と重要度を決めておけば、急ぎの要件が入ったり予期せぬ事が起った時もムダのない処理手順が決められる。

　③仕事のやり方・順序・手順をこれまで通りの方法から、ポイントを絞って短縮化を試みる。意外と時間短縮ができることもある。

　④仕事の順序をこれをやってから、あれをやろうのシリー

ズ処理から、類似の箇所は一緒にやってしまうパラレル処理に変えてみる。

⑤ビジネスでの移動時間の有効活用策として、自動車利用よりもバス・電車を利用した方が、時間効率を高められる。車中で事務処理や情報整理ができる。

⑥集中力を要する重要な仕事は朝のうちに終わらせる。朝の時間は、清新な気分で考えや構想をまとめるのに最適である。諺に「早起きは三文の得」があるのも頷ける。いい気分で過ごした時間が、最高のやりがい感と、価値を生むのである。

## 2. 仕事のやり方を変えてみる
これまでのやり方をゼロベースで見直す

(1) みる・わかる・しらべるの3態
①みるの3態
　見る――目で見る、ただ見る。表面上の形状・状態を見る。
　視る――注意してみる、気をつけてみる、詳細にみる、細部までみる、その原因系まで掘り下げてみる。
　観る――見ようとして注意してみる、念を入て見る。根本を見る。本質まで掘り下げて徹底してみる。
②かわるの3態
　変る――改める、違うようにする、抜本的に変える。見まごうように変える。見事に変える。豹変する。

代る——入れかわる、代理をする、補佐をする。代行する。

替る——とりかえる、ステル・アラタメル・アタラシクする。置き替える。付け替える。

③調べるの3態

摑む——分らないことは徹底的に多面的に調べて根本原理を探す。

纏める——調べた結果は結果〜経過〜原因のステップで発生原因を明らかにする。

活かす——ものごとを変えるには、分析結果を生かしてプロセスを変える。

④素直さがすべての学びの始まりである。

自分の考えや行動を変えようとしない頑なさを解き放ち、こだわりがなく純な心で、何にでも一所懸命・前向きに、一意専心で熱心に取組む。このことが学ねぶ・学ぶの導入口である。


(2) 仕事を観て考えて変える

仕事のやり方を自分の目や、ビデオをカメラで具に観察・記録すれば、仕事の手順・方法・条件・時間の実態分析ができる。実施経過・結果は比較判定もできる。自己の変化度の総合評価で、デイリー・ウィークリー・マンスリー……に自己成長度が分る。

次表は、目標達成度、成長を自己採点するために用いる。評価を3〜5で記入していく。この評価ポイント（p）の満

点は25点となり、最小評価は15点となる。時間の経緯で、評価の変化を確認していく。

日々のチャレンジ目標に対するアタック度を高めよう。

(評価と対策)——自己評価の結果は達成度・成長度の原因系にメスを入れ、どの要素を改善すべきかを明らかにして、改善の手を打ち現状を変えていく。

自己成長度評価表

| | | | | | | | | | | |
|---|---|---|---|---|---|---|---|---|---|---|
| 達成度 ↑ 成長度 | | | | | | | | | | |
| | 期日 | 1 | 2 | 3 | 4 | 5 | 6 | 7 | 8 | 9 |
| 活動要素 | 1. 意　欲 | p | p | p | p | p | p | p | p | p |
| | 2. 姿　勢 | p | p | p | p | p | p | p | p | p |
| | 3. 手　順 | p | p | p | p | p | p | p | p | p |
| | 4. 方　法 | p | p | p | p | p | p | p | p | p |
| | 5. 時　間 | p | p | p | p | p | p | p | p | p |
| | 計 | p | p | p | p | p | p | p | p | p |

時間を活かす人生・仕事創造

(3) プラス発想の人生・仕事観

仕事や人生で成功する考え方は、プラス発想であることが、先ず何よりも大切なことである。つねに前向きで建設的であること、感謝の心を持ち、みんなと一緒に取り組もうとする、協調性をもっていることが大切である。

明るく肯定的であること、善意に満ち思いやりがあり、やさしい心をもっていること。努力を惜しまないこと、足るを知り利己的でなく、強欲ではないことだ。このような善循環サイクルを組立て実行してみよう。人生、仕事の喜びが高まってくる。

(4) 良き習慣づくりが、人生・仕事を楽しくする

思いきってゼロベースで自己改革に取り組んでみる。思いもよらない新しい生き方の発見に結びつくこともある。予断を交えず、フロンティア・ウエイに取り組んでみよう（考え方を変え、やり方を変え、行動を変え、変化を先導しよう）。

(5) 仕事改善の効果的な進め方

能率向上の6原則　仕事の時間を短縮し能率向上を図るやり方には、以下の6原則がある。1つひとつの原則を着実にものにしていこう。

①移転の原理——人の能力、あるいは仕事の一部または全部を、機械に移してみる。移す能力には、創さ能力・熟練・精度……などを考慮する。

②補足の原理——人の能力の不足部分を機械や補助具に代

替させます。代替させる人の能力は、視覚・聴覚などを、種々のセンサー（ロボットなど）で補助機能をサポートさせる。

③集約の原理——製品やパーツの種類をまとめ、グルーピ

### 自己改革の4要素

<u>習慣</u>　良い習慣を習い性となるまで磨く
　よい習慣を身につけたいと思うなら、すでにその習慣を身につけている人の、工夫と努力のエキスを学べばいい。習慣は技術的・行動的なものだから、取り組み方次第で身につけることができ、習い性となる。良い習慣は、仕事・人生を豊かで楽しくしてくれる。

<u>夢を叶える</u>　すごい夢を見、夢を追い、夢を叶える
　夢は夢を実現させること以上に、実現させようとするプロセスを楽しむべきだ。困難に挑み続けるその努力が誇りを生み、生きがい・やりがいを感じるのである。目標とは夢実現のプロセスだ、夢のない人は、人生に苦労もないが、歓喜もない。貴重な人生の夢を叶える燃える心を持ち続けよう。

<u>内に秘めた自己改革</u>　信じて念じて自己改革にチャレンジ
　内なる自己革命を起こそう。自分が自ら努力すれば、"事は必ず成る"と、プラスに考えてみよう。そう考えるところから、着実に成功と満足の芽が生まれてくる。努力を続ければ成功はもうすぐだ。

<u>変化に対応</u>　変化を受け入れ変化に対応していく
　時代の変化、環境の変化に背を向けていたのでは、取り残されてしまう。変化に対応し勝ち進むには、変化をどう読むか、これに対応する新しい能力を引き出せるか、事前に準備できるか、それが成功へのポイントである。

ング化・モジュール化を図り、作業の単純化・標準化・専門化で、集約効果を図る。

④分担の原理——仕事を分類して、社員1人ひとりが得意とする分野を担当させる。人にも機会にも得意な領域があり、これをフル活用させるやり方である。

⑤連係の原理——それぞれの仕事を上手に連係し、時間・労力のムダを無くすようにします。作業レイアウト・フローラインについてもⅠ型・L型・U型などで、工程連結効果を高める工夫をする。

⑥やる気の原則——心からの自発的やる気を高め仕事に取組み、励めば能率は高まる。

達成の動機づけ（チャレンジする目的と目標）が明確になれば、高揚感の高まりで、やろうとする意欲も高まります。

ここであげたアイデアや原理・原則を意識的に繰返し活用し、仕事の総合パフォーマンスアップに取組んでみよう。

（6）問題解決の安生早楽

問題を発見して解決する場合は、技法よりも何のためにどう取組むか考え方・心構えがはるかに大切なことである。このために常に問題意識をもっていることです。ポイントは、

①問題を問題としてとらえる鋭い感性を磨いておくこと。

②素直にものを見て、考えてみること。

③「おや？」「面倒だなあ」などと感じたときは、「なぜだろう」「どうしたらよいか」と考えてみる。

④納得がいくまで「なぜか、なぜか…」を繰り返す。

⑤問題は必ず解決すると頑張る。この執念をもつことが大切である。

安正早楽の原則を活用し、仕事の能率化にトライする。

①安＝安く——もっと安くできないか。コストダウンのやり方を、いろいろと工夫する。

②正＝正しく——もっと正確にできないか、仕事の信頼性を高める方法を考える。

③早＝早く——もっと早く短時間でできる方法を考え、能率・効率の向上に取組む。

④楽＝楽に——仕事をもっと楽にできないか、疲労を少な

## 5W1HとECRS

| | 5W1H | ECRS | カイゼンの着眼点 |
|---|---|---|---|
| WHAT | 仕事、製品、部品、材料、アウトプット | それはやめられないか（E） | (Eliminate) その仕事の目的を本質的に分析してみる |
| WHEN | 実施時期、工期、納期 | 別のときにできないか | (Combine) いくつもの仕事を合体して効果を出す |
| WHO | 担当者、協同作業の相手 | 他の者ができないか | (Re-arrange) 直列方式の加工順序を並行処置に変えるなど単一作業を複合作業化で省人化を図る |
| WHERE | 実施場所、経路 | 他の所でできないか | |
| WHY | 目的理由 | 本当に必要か（E） | (Simplify) 作業手順・工程の簡素化で、仕事時間は削減され、能率向上に結びつく。 |
| HOW | 法、手順、労力、費用 | もっと簡単にできないか（S） | |

E＝排除　C＝結合　R＝交換　S＝簡素化

くする方法を考える。

ECRSの原則（E＝排除、C＝結合、R＝交換、S＝簡素化）

最大の改善効果を発揮するのはその仕事をやめてしまうことである。この方法はちょっと考えると、ムチャクチャのようだが、仕事の改善や問題解決のポイントをついている。

## 3. チーム化で仕事を変えるチャレンジ活動

仕事のやり方を変えるには目的を明確にして、目的達成のために行うべきステップを着実に進めていくことが、チャレンジ活動を成功に導く。

（1）チャレンジは3ステップで進めていく
①変化をリードする強い心を持ち

永遠に変わり続けることが、私達とわが社の成長（より多くのお客様に愛される、期待される会社）に、つながっていくのである。チェンジこそ、ジョイフル・ワークのはじまりである。

②変化・進化させ仕事の価値を高める

私達が提供する価値は何か、どんな価値を高めているか、いつも考え続け、向上変化（カイゼン・イノベーション）に挑み続けるチームには、より多くの成果報酬がもたらされる。仕事への誇りとやりがいも高くなる。

③顧客から高い評価を受けるブライトチーム

今まで以上に変化を遂げ。進歩したチームには、顧客は高い期待と評価をしてくれる。ブライト・チームへの躍進である。

　顧客から評価されるチームほど嬉しい事はありません。日々のチャレンジが楽しくなる。これはメンバーにとっても同じことである。チームの変化（進歩）についていく人は、存在価値も高くなりのである。あなたの存在価値を、高め続けよう。

| |
|---|
| これまでの考え方・やり方に、こだわらず、良い考え方・やり方を知ったときには、柔軟にやり方を変えてみる。 |

| |
|---|
| **目的を明確にしたチャレンジ活動**<br>ミッションコンプリート（使命の完全遂行）。ゴール・アライブ（目標到達）も、何のためにやるのか…？を明確にしておかないで、取り敢えず、思いつきで□□に挑んでみるかでは、途中で挫折します。的確な判断力と強固な意志力が欠かせません。念じて信じて励み続けよう。 |

**（2）チャレンジ活動は粘り強く**

○無理に背伸びをしないで、できること・やりたいことから、先ず始め、続けてみる。実施経過を確かめ、予定どおりにならなかった場合、やり方を改める。

○1回や2回であきらめない、10回▷20回▷30回……できるまでやってみる、あなたの思いは成し遂げられる。どうしてもできない場合はテーマを変えてみる。

○1度成功したら、また次の目標に挑みたくなる。次々に

仕事の楽しみが増えてくる。やりがいも大きくなり、高い目標へのチャレンジ意識が高くなる。

（3）チームでチャレンジロードを突っ走る
①狙いを決めて果敢にアタック
　日頃競い合っているライバルの業務成績を越えたい。この強い思い・願望を持ち続け、目標達成へのアタックを続けてみよう。イチニチ・イチニチの努力と工夫を積み上げれば、思いは成就する。
＜やる気のもと脳内麻薬＞
　大脳辺縁系の側座核の活動に、やる気（モチベーション）が関係していると言われる。脳内麻薬と言われるものだ。エンドロフィンの分泌が、目標の達成過程でなされる。途中であきらめや目標未達が続くと、ノルアドレナリンが分泌され不快感情になる。アタックを続けることでやる気の褒美（ドーパミン）を貰い続けよう。
②あなたのチームのチャレンジ目標と実行ポイント
　達成したい・できる、テーマと目標値を決めどんなやり方と心構えで取り組んだら目標達成ができるか、メンバーで話合い実施方法手順を組み立てる。
　チャレンジプランを実行に移す、実行スケジュールにそってやるべきことを着実に実施していく。実行過程でのＰＤＣＡを廻し、目標の達成・未達成時に要因を明らかにしておく。
　実行過程ではいろいろな課題が発生する。ここで課題解決を諦めれば、それまでの努力はムダになる。壁に直面した時

が、レベルアップのチャンスととらえ、やり方や条件を変えてみる（1手多法の原則に学ぶ）。

さらに発想を飛躍させ、別な角度でユニークな方法を取り入れて見る。ピンチをチャンスに変えていくのが、チャレンジ活動の面白さである。

③チーム　チャレンジシートの活用（次頁に示す）

仕事目標へのチャレンジを行うときには、次表を活用し、チャレンジテーマ・目標値レベルを決め、こんな方法で目標攻略に取組む。チャレンジにアイデアを取り入れ、ゲーム感覚で楽しみ、活動に全力投球する。チームワークを発揮させる、目的の共有化に工夫を凝らすのが大切である。

## 4. 仕事を楽しくすれば、成果も上がる

（1）好きなこと・得意なことにパワー集中

①働くことで人は豊かな生活文化を創ってきた。より良く生きるために、人生と仕事は切り離せない。このために人は仕事を通じて、自己実現の世界を創っていきたい夢をもっている。そんな未来幸福を叶えるために、1日いちにちを楽しく、生き生きと過ごしたいものである。

②仕事でも趣味の世界でも、自分が好きで得意な事に取組んでいる時はモチベーションも高まり、一所懸命に時間を忘れて没頭する。心が快モードにセットされているからである。

嫌いなこと・不得手なコト・やりたくないコトを、無理矢理続けていても、不快になり集中できない。

| | チームチャレンジシート |
|---|---|
| | チーム名 |
| | 期間H　年　月〜H　年　月 |

あなたとメンバーがどうしても達成したいこと。
どんなこと　　　　　　　　その目標は
どんなやり方で　　　　　　いつまで

| こんなことを叶えたい(テーマ) | アタックレベル（A） | | |
|---|---|---|---|
| | アタックレベル（B） | | |
| | アタックレベル（C） | | |
| どのレベルまで(到達目標) | レベル | レベル（A） | レベル（B） |
| | Ⅰ | | |
| | Ⅱ | | |
| | Ⅲ | | |
| どんなメソッドスキルを生かしやり遂げるか | テクニック | メソッド（やり方・方法） | スキル（熟練の技） |
| | Ⅰ | | |
| | Ⅱ | | |
| | Ⅲ | | |
| どれだけの行動量日数で、いつまでに達成するか | スケジュール | Ⅰ　Ⅱ　Ⅲ　Ⅳ　Ⅴ　Ⅵ | |

③先ずは、今の仕事がなぜ嫌いなのか、その原因を探してみることである。「なぜ？　ｗｈｙ」を繰返してみよう。その原因が、ミスが多いから・時間がかかり過ぎるから・いつも叱られるから……などが明らかになってくる。この原因の１つひとつに、解決の手を打ってみよう。改善の糸口はきっとみつかる。

④どうしても今の仕事に自信がなく、好きになれないときには、仕事を変えてもらう。嫌なことは永続きしない。

もう一度自分の仕事適性（性格・能力特性・特長）を、自己分析と上司に分析をしてもらい、最適職種を探してみるのである。あなたの得意な分野で、能力は磨かれフル発揮されるでしょう。

これからがあなたの本領発揮のチャンスです。好きなこと、自信のもてる仕事に情熱をぶっつけてみるのである。好きなコトであれば、仕事に全力投球で、成果もグングンあがってくるはずである。粘り強いアタックを続けてみよう。

（２）目標をつくるのは、成長のゴールを予約すること

①あなたは、日々のチャレンジワークに、どんなゴールを設けていますか。そのゴールへのアタック・マインドは、どのレベルですか。必ず到達する・させる。強烈な気概をもって、チャレンジを続ければ、その強い思い入れが、成長へのサクセスロードが拓かれていくのである。

②常によりよく変わり続けることが、私達と会社が、より多くのお客様に愛され、期待されるチームになっていくので

ある。

　私達が提供する価値は何か、どんな価値を高めているかいつも考え続け、変化・向上に励むことで、評価が得られるのである。それが仕事の満足度も高めていくのである。

　③これまで通り、変化もなく、進歩もない人やチームには、社会から何の期待も評価ももらえない。世の中から見放されることこそ、悲しいことはありません。

　行きつく先は、自己存在価値の希薄化である。心機一転で、刮目のパワー全開でチャレンジ軌道に挑んでみよう。

　④これからの猛烈なチャレンジ活動で、さらに一段高いゴールに到達したい。その強い思いを持ち続ければ、「事は成せる」の信念で、目標実現のアタックを続けてみよう。成功の花は咲くと信じて、念じて諦めずに、成功するまで挑み続けるのである。


（3）小さな成功の積み上げ

　「やりがいのある会社に求められるのが、チャレンジ精神が旺盛で、仕事を楽しむ社員集団化であり、社員各自が自社の経営ビジョンを共有していることである」。これがビッグパワーとなっていくのである。

　「将来こうなりたい・ああなりたいという。自分自身の信念にもとづいて動くことで、あなたの周りの人も同じ方向に向って、チャレンジワークの輪が、みるみる広がっていき、その活動は見違えるように活発になっていく」

　「まさしく成長共有集団である。こんなやりがいのある会

社は、社員のチャレンジを、社内の誰もが関心をもっています。あなたの小さな成功が、次々に新たなチャンスを生み出し、チャレンジを競うのである」

「みんなのアイデアフラッシュから生まれた、ユニークなアイデアが、成功事例を生み、ニュー・ビジネスや、新事業に結びつくケースも期待できる」。このように新分野を拓いていくのは、既成の枠を外した、オープンワーク・スタイルなのである。そのベースはオープンマインドにある。

成長する会社の進取の社風が未見への挑戦や、自分がやりたいことに挑ませる。こんなすごいことに、誰でも取り組めるベンチャーマインド溢れる、面白い会社にしていくのは、社員1人ひとりの熱意・創意と挑戦心から始まるのである。これが競って挑む競創集団化なのである。

> これがグッドジョブ・ビッグチャレンジ・グッドピープルカンパニーであり、この実現に挑み続ける。

もっといい会社、もっといい仕事のフューチャービジョンを高め、ビジョン実現に向ってチャレンジする、フロンティア・スピリットが、次代を拓く力となり、ニュービジネスワークに挑ませるのである。殻を破るブレークスルー発想と強烈なチャレンジパワーが大切である。

あなたも、こんなホープル・ワークのリーディング・キーマンになってみませんか。未見の分野に果敢に挑戦するチャレンジチームのチェンジリーダーとして、思いっきり現状打破・新創造に、情熱を注いでみよう。このことが、次の時代を拓く、大きなパワーとなるのである。

## 5. チャレンジワークが挑戦の喜びを生む

(1) 常に新しいことに挑戦する

①新しいことに挑戦する会社とメンバーは、社会の進歩・発展に貢献できるリーディングワークの喜びを得ることができる。これが、やりがい・働きがいにつながる。

これまでと同じことにこだわり、そのまま続けているのみでは、成長・発展どころか、現状維持すら難しくなり、後退してしまう。ここで一念発起、未体験のテーマにも自らの発意で、自発的に挑んでみよう。

②チャレンジワークには、リスクは避けられない。リスクを取れば失敗することもある。失敗は成功のための投資だと考える。失敗の原因を掘り下げておけば、次のトライに生かされ、成功のチャンスも得られるのである。

困難なテーマに挑戦して失敗したから、マイナス発想になるのではなく、その貴重な経験を糧に、さらに再チャレンジに取り組む、チャンスをものにしていこう。

③失敗はマイナスではなく、むしろまたチャレンジできる、チャンスをもらえると捉え、この失敗も許す社風が、次の飛躍を生み出すエネルギーとなっていくのである。

これからさらに厳しくなる競争市場で勝ち進むには、とにかくユニークなアイデアが芽生えたら、果敢に取り組んでみるチャンスをつくりたいものである。新しい成功事例が、顧客に受け入れられれば、新分野のビジネスの誕生に結びつい

ていく。

　④困難な壁を破り、ニューシステムを考え実務に取り入れてみる、これまでの発想を根底から変えた、新機軸であればあるほど、これまでの経験が邪魔をする。仕事のやり方・要領は、長年の経験から組み立てられたもので、簡単に変えるのは難しいのである。改革への敢くなきチャレンジが求められる。

　⑤そこで、ニュースタイルのワークメソッドに変える秘訣を整理してみると、仕事設計をゼロベース思考に大胆にチェンジしてみる。これまでのやり方の白紙化で、ゼロベースのニューメソッドを描いてみる。基本プロセスをベースに、理想とする仕事要素を組付けてみる。この段階でワークタイムを割付け、効率変化がどうなるか検証してみる。

　⑥このような手順で最適仕事プロセスを生み出していく。大胆に細心に、ワークイノベーションにトライして、ニューシステムを作り出していくのである。求めるのは、これからの競争市場で勝てる、ベストコンペティションの開発につながるのである。システムの開発では、ワークデザイン手法を取り入れてみよう。その仕事が求めている最終機能は何かを追求してみることである。このための最適システム・機構は何かを掘り下げてみるのである。

（2）ベンチャーマインドが社内に新風を起こす

　これまでの延長線上のビジネスに依存していたままでは、飽和症状に陥った市場は、これまでの延長線のビジネスでは

行き詰まってしまう。ユーザーは常に新しさを求めている。これに応えられねばビジネスは破綻する。

中国家電最大手ハイアールでは、「社内ＶＢ（ベンチャービジネス）制度」を立ち上げ、次々に社内ベンチャー企業を生み出している。2013年にハイアールの社内ＶＢとして創業した「遊戯本（ゲーム専用パソコン）」メーカー雳神科研が躍進中だ。ノートパソコンの画像処理チップや記憶装置を増強し、ゲーム専用機として見事に開花させた。

「これからは６万人の社員１人ひとりが創業者でなければならない」。社内ＶＢ制度は張端敏ＣＥＯが３年前こう提唱したことで始まった。これまで180社が設立され、次々にヒット商品（ゲーム専用パソコン・ハローキティ・洗濯機・妊婦向けテレビ台・スマート宅配ボックス・考える電子レンジ）を生み出している。

日本の大手家電メーカーもかねてから社内ＶＢで、新たな成長チャンスを探ってきたが、思うような成果は残せていない。中国人は挑戦心に富む若手人材が多い。中国の若者は転職しながら、自己成長を目指す傾向が強い。

我々も「過去の栄光は待っていてもこない」積極的なブレークスルースピリットに目覚めなければならない。

「自己規制緩和は強烈なチャレンジ精神から生まれてくる」

## 6. 心に描いたものは、実現する（宇宙の法則）

（1）心に強く念じたものは叶えられる

　思念が業をつくる（業とは結果を生む原因）。業とはカルマともいい、現象を生み出す原因となるものである。つまり思ったことが原因となり、その結果が、現実となって表れてくるのである。人はこうなりたい、こんなことをしたいと強く思い続けたことが、良い現象となって表れるのである。

（2）あふれるくらいの夢を描け、人生は大飛躍する

　私達はいくつになっても夢を語り、明るい未来を描ける人間でありたいものである。夢を描けない人には創造や成功がもたらされることはありませんし、人間的な成長もありません。なぜなら、夢を抱き創意工夫を重ね、ひたむきな努力を重ねることで、夢はかなえられ、人間的成長ができるのである。

（3）毎日の創意工夫と努力がもたらすもの

　昨日の努力に、今日はさらに少しの工夫と改良を上乗せして、さらにわずかでも前進する。その、より良くしようという姿勢を怠らないことが、のちのち大きな差となって表れてくる。決して通い慣れた同じ道を通らないということが、成功に近づく秘訣となる。未見の喜びを求め続けよう。

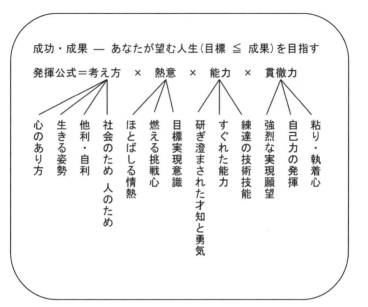

(4) 常に「有意注意」を心がける

「有意注意」という言葉がある、意をもって意を注ぐ、つまり目的をもって真剣に意識や神経を対象に集中させることである。

例えば音がして、反射的にそちらをパッと向く、これは無意識の生理的な反応ですから、「無意識」の反応である。「有意注意」は、あらゆる状況のどんな些細な事柄に対しても、自分の意識を「意図的」に凝集・集中させることである。思わざることは実現しない、思うことは興味・関心・探求心……から始まるのである。

# 7. 定年のない脳とエンドレス・チャレンジ

（1）最も長寿命の人間の脳

脳医学の専門家の研究によると、人間の脳は臓器の中でも最も寿命が長いという。肉体は弱っても身体を動かす指令センターとして、脳が司るコントロール機能は、命尽きるまで働いてくれるらしい。身体諸機能を、円滑に働かせる指令センターの凄さには驚きである。生命維持機能が最も活発に働くらしい。

一方年をとって物忘れなどが多くなるのは、海馬などの脳の一部分の働きが衰えるからだといわれている。脳のすべてが悪くなっているのではない。特に長年仕事で鍛えた「仕事脳」は、60歳前後で衰退することはなく、成功体験をもつ得意分野では、十分に成果を上げられるらしい。高齢になってもアタックテーマに向って挑ませるのも、理にかなっている。

「脳は挑戦して達成感・成就感を味合うことで、強い喜びを感じる」からである。収入や地位も大事だが挑み続ける意志・意欲はそれを越えるモチベーションの源となっている。

（2）定年のない人間の脳は死ぬまで働く

生涯現役を貫きたいのであれば、常にポジティブな発想で、あらゆることに関心と好奇心を持ち続けることであろう。好奇心が次のチャレンジに駆り立て、チャレンジがチャレンジを生む好循環が生まれる。

人の脳は年代によって、成長の領域があるらしい。30歳代は分析力や理解力との相関が深い、この年代は超側頭野が活発に働き、40歳代は分析力や理解力を高める超頭頂野が、50歳代は実行力・判断力を担う超前頭野がピークを迎える。それ以降は長年の学習や経験を積んだ、総合知の発揮時期を迎えるという。生涯現役も貫ける健康長寿社会である。長年の経験ノウハウ・スキルを若い世代に継承し、発展させていく喜びを得たいものである。

（3）ヤングミドルエイジに、チャレンジテーマを
　高齢化社会の到来と言われて久しく、65歳以上の高齢層は数年後には30％を超える。こんな人生の円熟期に素晴らしい人生の終末を迎えるには、働き盛りの30歳から50歳までに、いかに自分の頭脳と体を動かし、いろいろなビジネスライフとプライベートライフで、新しいことに挑戦をしておくことだ。新しい事への旺盛な吸収欲が、活力維持には欠かせない。
　自分の殻に閉じこもらず域外に視野を広げてみれば、新発見・新体験の感動を味合える。このことから今30歳〜50歳代で働いている中堅人材に、キャリアアップと、ジョブライフワークで、明るく希望の持てる人生モデルが花開いていく。

## 8. 人と人を結ぶコミュニケーションツール

（1）言葉と文字の発明がもたらしたもの
①人類が文字を発明したのは紀元前13世紀であろうと言わ

れている。文字の発明は人類に何をもたらしただろうか。

　言葉の記号化によって情報（特定の意味を持った文字・記号）として伝達でき、記録・保存・流布……が可能となったのである。

　言葉が記号化された文字・記号に変換されると、意味をもつ情報として、人間生活のコミュニケーションツールとしての役割は計り知れなく、大きくなっていった。その後の長足の進歩が、今日の情報ネットワークの礎となっている。

　②文字発明へ至る過程は何だったのか。人と人との交流は、通常、言葉（言語）によってなされる。自分が思い描いていることを、言葉という音声で相手に伝えるのだが、それは単に言葉のやり取りだけではない。

　言葉を発する際の表情なども、言葉のやり取り以上に、心・気持ちを伝えるのに大切な働きをもつのである。このような意志・情報の伝達は限られた範囲である。広く情報の伝達と記録・保存に役立てる目的で、文字・数値の発明に繋がったのであろうと思われる。

（2）コミュニケーションルールとしての言葉

　人と人との交流には、言葉は欠かせない。部族内・部族間での情報伝達のツールとして、音声信号として生み出してきた。食物採取での実りの状況、どの地域の実りはどうか、生活に密着した収穫予想量の情報収集は、重要な部族存続の基礎情報である。人対人の意志伝達に、言葉を生み出してきた必然性があると考えられる。言葉は命を支える重要信号と言

える。

　動物には鳴く・吠えるなどの音声信号は発するがその信号は意味のある表意言語・言葉とはなっていない。鳴き声を発するのは、危険・警戒信号として発せられるのである。

　動物にも喜怒哀楽の感情をもっているだろうか。感情信号としての鳴き声である。言葉を持たない動物には、それはなぜそうなのかを伝える、意味言語としての伝達力をもっていないのだろう。人間は言語（言葉）を生み出したことで、音声が意味言語として、人の活動に社会性を深く広くしていったのである。

　文字の発明によって、言葉は記号化され、情報として広範囲への伝播が可能となった。通信ネットワークが発達し、デジタル・ネット時代となり、その情報量は膨大である。情報の収集・選択・活用スキルが重要になってきた。ハードとソフトユーザーとしての活用術のスキルアップが必要であろう。

　人間が社会的行動を取れるようになったのも、コミュニケーションの基本ツールとしての言葉と文字・数字を発明したことが、発達の人類史を築いてきたのである。

　これからは人工知能（ＡＩ）で、人の感情まで読み取るインテリジェンスロボット……など、科学・技術の進歩は留まることを知らない。進歩に対応した、テクニカルスキルの学習も忘れない。

# 9. 変える変わるメカニズムの不思議

## （1）季節の変化が教えるもの

「春の嵐に吹かれ、黄砂や煙霧が気がかりになっているうちに、今年も陽春の使者となる桜の季節がやって来た。例年より早い時期に、つぼみがほころび始め、各地でソメイヨシノの開花宣言が出ている。間もなくこの花は、いつもの春の風景をあでやかに染め上げ、桜見物の人々を夢心地にして、散っていくだろう。白蓮の白い花も、高貴で清楚に威厳高く、天に向って咲き誇っている」

春は様々な、生あるものの変化の季節だ。木々は勢いよく芽吹き。かん高い小鳥の囀り、眠りから覚めた虫もうごめき始める。

人々の装いは、明るく春らしい色へと変わる。自然は変化のリズムを備える教本である。

## （2）変わる本質とは

「かわる」とはいったい何だろうか、その効用はどんなところにあるのだろうか。舞台での衣装の早変わりがそうだ。わずか4〜5秒の早業、まるでマジックのようである。衣装の早変わりは、歌舞伎の引き抜きや、中国の京劇でお面を素早く替える演出など、東洋では古くからある。一瞬にして場面を変える演出で、観客の驚きをさそう巧みな技だ。

自然界にも同様の現象を見ることができる。「変態」とい

い、チョウやセミは一夜にしてサナギや幼虫から羽のある成虫へと形を変える。化学反応では、複数の物質が一瞬にして性質や色を変えてしまう。劇的な早変わりの演技も、自然界の法則と、どこかでつながりがあるのかもしれない。

（3） 変わるカタチのいろいろ

 早変わりの対極にあるのが、段階的に区切りをつけて、物事を進めていくやり方だ。その1つが「起承転結」など、4分割で局面を変えていく発想。春夏秋冬の季節の変化が、4コマ漫画のように身近なところに、この発想が潜んでいるのである。

 起承転結の発想の源流は、中国の唐の時代にあったという。かわることの効用は何であろうか。例えば、われわれはなぜ年度を変え、月次を変えるのであろうか。自然界も人間界も、そのままでは時間の流れは連続している。あえて人為的に、刻目や区切りをつけて、人の世界を秩序づけようとしている。

 刻目を乗り越えることが、変わったという感覚を体感しているという。区切りをつけることで「昨年のあの時、あの場所」など、時と場所などを特定して認識することができる。

 ものごとが行き詰った時のリセットの発想は、洋の東西を問わず各地で見聞できる。易の理論では、「窮スレバ即チ変ズ、変ズレバ即チ通ズ、通ズレバ即チ久シ」。窮した時には変化せざるを得なくなり、それが新たな展開を生み、永続性につながるという、天の法則を示しているのであろう。

 一方で、「変わらないために変る」の逆説もある。ヒトの

体の中で細胞には、元のものと同じようなものを作る、設計プログラムが組み込まれている。人体は物質レベルでは、数ヶ月でそっくり入れ替わっている。人相は変わらずとも、人体を構成する物質は、自覚しないうちに変わっているのだ。

存続のための変化は、実は自然界の生物の早変わりでも見られる。チョウやセミの変態は「子孫を残す生殖行為ができる成虫になるため」だという。活動範囲を広げて、血縁が濃くなるのを防ぎ、遺伝学な多様性を維持するためらしい。良き子孫を残すために組み込まれた、自然のプログラムとも言える。「変わることは再生すること」古今東西、時代を超えて共通する摂理なのかもしれない。

# Ⅳ. やりがいを高めるジョイフルワーク

仕事を面白くやるから、やる気と探求心が高っていく。
仕事に創意工夫を加え、ニューワークスタイルを生み出す

## 1. 面白く・ワクワクする仕事のゲーム化

(1) 考働が高い価値を生み出す

　人はいつも何かに働きかけ、人に役立つモノ・コト（サービス）を生み出している。仕事とは人間が発見した貴重な資源を、人に価値あるモノに変える働きかけである。それも先駆者としてさらに仕事の価値を高めるには、知恵を加え考えて動く、「考働」が、高い価値を生み出す。仕事のとらえ方次第で、仕事に取り組む姿勢や、やり方も大きく変わってくる。

　仕事人生をより豊かで楽しく、充実した日々を送るために、常に仕事のやり方を考え、進歩・進化させることで仕事は楽業となってくる。そんな人生・仕事にしたいものである。

　さらにユニークな工夫を加えれば、仕事の成果は高まる。これに改善力を加えていけば、仕事はますます改良され面白くなってくる。進歩の喜びが味わえる。人がやれない・やらないことに敢えて挑み、仕事のやり方を変える人と、そのままの人では進歩の差が歴然だ。やり方を少しずつ変えていく、これを愚直に続ける。毎日の小さな変化の積み重ねが大きな

変化・成果を生み出していく。1年から3年も続ければ刮目の成果を生み出すようになる。

◇仕事が面白く、楽しく・わくわく・どきどきする。朗働のリズムを作り、おかしく滑稽な場づくりでアイデア・フラッシュを試みる。このやり方をどう変えるか、興味津々で、これからどうする・どうなる、期待が高まる。心うきうき心がおどる、カイゼンパワーで、思いっきりワークチェンジに挑んでみよう。

カイゼン成功の予感が実感に変わる。変えれば変わる、変えた喜びが仕事をさらに楽しくする。達成感が、カイゼンの継続力を生み出す。

堀場製作所の故堀場雅夫さんが掲げた社是「おもしろ　おかしく」は有名だが、同社はその言葉通り、ユニークな企業文化を築いている。


（2）人は自己実現のサミットに向けて挑み続ける

マズローの人間欲求5段階説に学ぶ——人間の欲求は生きる欲求からさらに高い（自己実現の欲求）に挑むという。1つずつ欲求段階実現を上げ、遂には自己実現段階に到達する。「人は高いレベルの欲求の欲求充足（感動づくり）に向けて挑み続ける」と説く。

自己のもてる能力をフルに発揮——自分が自分を誉めてあげたい。

<u>自己実現の欲求</u>　こんな私になりたい、人生をかけて自分

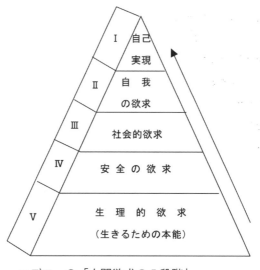

マズローの「人間欲求の5段階」

像を作り上げ成就感を味合おう。これが自己実現に向って励む人生である。

<u>自我の欲求</u>　人の自尊心と他人の尊敬に対する欲求。

すごいな・頼もしいな、と羨ましがられる。自分満足を創り出し自己の存在感を高めていく。この人は凄い、この一言にやりがいを感じる。

人は周囲の人の評価と賞賛に限りない喜びを感じるものだ。

<u>社会的欲求</u>　集団の一員でありたい欲求、愛を与え受けたい欲求。仲間とのヒューマンリレーション、フレンドシップを高めたい心。チームパワー発揮のために自分の能力を生かしたい欲求。

__安全の欲求__　生理的な安全、精神的危害から守られている安心感を高める。

生命の危険がない、安全・安心の欲求を得たい。

危機回避の安全域を作り、その中で生活を営みたい。

__生理的欲求__　食べる・睡眠・性欲……その他生きる為の基本的欲求。

生きるために必須の基本欲求であり、本能である生存欲求。

健康で長寿を全うするのは人間の根本的な願望である。

（3）仕事が楽しくなる秘訣

人生を楽しく面白くするのは、あなたの夢実現に向って、思いっきり挑んでみることである。知恵を出し・力を出し、あなたのパラダイスづくりに全力で挑み、達成の喜びを味わおう。それが挑む楽しい人生だ。

（4）仕事を面白くする5項目

①同じ事を繰返し、同じやり方でやっていると、マンネリになりがちであり面白くない。やる気も減退する。

②なにかいい方法・やり方はないか、時間を省く、品質を良くする。仕事価値を高めるなど、新しい価値を生み出す喜びを感じるために、考えて・変える、ミニ改善活動にトライしてみよう。

③変化させるヒントをつかもう（ヒントはいつでもどこでも、見出せる関心・好奇心をもてば、観察心・観察眼は

磨かれる)。人生って面白い、カイゼンって面白い。仕事って楽しい、アイデアの具体化って面白い、こんなワクワクの人生でありたい。

④楽しく・正しく・楽に・速く……をモットーに、仕事の組替・改善に取り組んでみよう。ムダな仕事、不安定でバラツキのある仕事、きつい仕事、きっと解決のヒントは見いだせると信じて仕事改善に取り組んでみよう。行えば結果は出ると信じて。

⑤問題は顕在化させることから改善は始まる。このままでいいだろうか？　疑問をもつことから改善意欲は高まる。やってみて成功すれば達成感もさらに高まり、次々と新しいテーマに取り組むようになってくる。先ず始めてみることが大切である。


(5) 時間がかかる仕事をピックアップして**課題発掘**

時間がかかる仕事を掘り起してみる。いろいろな課題が明らかになる。今までの延長線上で仕事をとらえるのではなく、あるべき理想パターンをデザインしてみる。究極は作業と時間をゼロにできないか、ゼロ化は究極のカイゼンであり、意外とカイゼンのヒントが生まれるかもしれない。

作業を徹底的に分解してみる。小さく・微細に分解すると、その必要性を取捨・選択することが容易になる。仕事の要・不要の価値判断は、その仕事が価値を生むか否かである。仕事のミス・ロス・トリコボシも見逃せない。ＭＹ（ミスヨ

チ）の仕組とチェック・システムが必要。ミス・ロスの時間・コストロスは実際の3倍にもなる。

## 2. 仕事をエンジョイする秘訣　その1

（1）仕事で創意工夫を楽しむ

仕事を楽しみながらやれば、創意・工夫で成果も生まれてくる。

いろんな分野で成功した人の共通項は、いいアイデアが生まれたら、多面的に分析してよいと思ったらスグに着手してみる。スピート対応力である。人の心は、楽しいことに反応する。何でもよい考えは「試してみることは無益ではない」のである。大きな仕事を成し遂げた人は、実行過程でもいろいろと仕事のやり方を変え・工夫した人である。

◇これまでのやり方にこだわっていたら、次への展開も飛躍もない。明日は今日の自分と違う自分になる、変化力・柔軟性を身につけることが大切である。1日いちにち、どう変えるか・変わるか、考え方が狭く硬直化していれば、アイデアも浮かばない。考えを変え成し遂げたいことは何か、これを外さなければ、如何ようにもアイデアを飛躍してみる、発想の範囲を高く広くしてみることだ。さらに視野・視点を変えれば、いろいろなことにトライできる。

（2）仕事のゲーム化で、やる気も高まる

これまでの仕事のやり方は、長い間の経験の蓄積で、スキルとして型決めされている。反面長い経験がやり方を固定化してしまっている。さらに業績を悪化させたら責任をとらされると不安で、今までのやり方を変えるのを躊躇しがちである。

「このやり方がベストだ、この他に良いやり方はない」。自信過剰になってはいないか、ここで発想を大きく変えてみよう、仕事をゲーム化し、楽しむやり方に変えてみたらどうだろうか。プライベートタイムは、スマホゲームに興じる、人生を楽しむエンジョイ・ライフ時代である。ビジネスタイムは、これまでの型にはまったソリッドウェイでは進歩はない。これを大胆に壊すことから仕事を楽しむ。仕事で遊ぶに変えてみる。

（3）仕事をジョイフルワーク化する

ジョイフルワーク化は、仕事を苦行から楽行へ変えるチャンスである。ゲーム感覚は発想を豊かにし創造性を高める。脳を快の状態にするのは、ポジティブでオープンマインドにしておくことだ。このオープンで快感ゾーンに脳のコンディションを保っておけば、ゲーム脳としての前頭・前野の働きが活発化するという。

そこで前頭・前野を働かせ、ニューアイデアを仕事に取り

入れてみたらどうか。これまで予想だにしない、活路が拓かれるかもしれない。先ずは保守意識を大胆に破壊しよう。

（4）勝つための仕事のやり方
①ライバルに勝つためには、前頭前野の創造機能をフル稼働させ、ゲームに勝つ（目標達成）ための一瞬一瞬に知恵を絞る、アマチュアの囲碁・将棋でも次の一手に全神経を集中させ呻吟する。プロ棋子は次の一手に何百手も考え、盤面を組み立てるという。勝つことに意識を集中させるのである。

通常の業務にもこの勝つ姿勢で臨めばあの手、この手であらん限りのアイデアを加えて仕事に挑めるはずだ。この真剣勝負があなたの集中力を高め、チャレンジ脳を起動させる。

②仕事の通常プロセスは、予め決められた手順で繰り返されている。仕事サイクルは習慣化され、それが正常だと身体に染みついている。習慣の定植化現象である。

人の思考パターンは、新しい考え方やシステムに、関心はもつが、今までの思考や習慣からの離脱が、最も難しいという。長年蓄積してきた経験が邪魔をする。この厄介な過去の思考・行動パターンから離脱するのは、状況設定も根底から変え、仕事のやり方を異次元で組み立ててみることだ。

③ゲーム感覚で仕事を行うことは、自分で目標や方法を決められる。誰からも束縛されず、やり方もいろいろと考えたやり方を試される、人は枠をはめられると発想も拡がらない。

これは自分で決めた目標である、必死になる無我夢中に

なって時間を忘れ熱中する、こんなゲーム感覚を仕事に取り入れてみたい。仕事も趣味の世界も、枠をはめず自由で柔軟な発想で、いろいろな取り組みにチャレンジしてみる。楽しさの領域が広がり、異体験・成功体験を楽しむのである。

## 3. 仕事をエンジョイする秘訣　その2

(1) 仕事の考え方、やり方を変えると仕事の本質が見える

①良い仕事とは、お客様の満足・期待を高める仕事のやり方である。お客様は商品・サービスに対して常に楽しい期待感をもっている。期待価値を超える実際価値の本質は何なのか？　を深く探求してみる。これをもとに購入者・ユーザーが望む新価値を発案し・企画提案するのが、新しい価値創造に結びつく。

常にお客様の期待と感動を高め、考える・うきうきするのが仕事のレベルアップにつながる。お客様は何を望んでいるか、（ユーザー・イン・シンキング）それに応えるのが顧客価値を高める良い仕事の真髄ではなかろうか。お客様の価値観に近づき潜在価値も掘起こし、新価値創造に挑もう。

②いろいろな仕事、特にセールス活動では楽しさが必要でしょう。ただモノを売る、モノを買ってもらうだけの無機質な商談では、味気なく売り買いの行為が主体となり、面白さ・楽しさは生まれない。はやく商談を終らせたい気持ちで焦りがでて、しまいにはこれまでの押し込み営業になる。

せっかくの対面販売でこんなやり方では商談はまとまらない。ちょっと見方を変えて、商談を人と人との良い交流のチャンスととらえ、このための良い場作り・雰囲気づくりに工夫をこらす。商談の内容もワクワクするテーマを用意すべきで、セールス・ストーリーにも工夫をこらす。商談は笑談となり、心が通う対面交流商談となる。

　③日々の仕事に忙殺され、これまで通りの仕事のやり方を続けていないか、考え方・見方・発想を少しずつ変えてみる。変えることには心理的なプレッシャーがかかるが、これを乗り越える強靭な意志力で、目的意識・問題意識・危機意識を呼び起こし、自発力を起せば仕事カイゼンは生まれてくる。

　思いきって変える・変わるに挑んでみよう、カイゼンの道は拓かれる。これがあなたを大きく変える原動力となるのである。あなたもチェンジメーカーとしてカイゼンパワーを発揮し、成果をあげ仕事のやりがいを高めていこう。

（2）仕事を上手に楽しく行う秘訣
①都合の悪い事は考えない。——ポジティブ思考をベースに。ネガティブ思考はマイナス発言が原因である。良くする・良くなるをモットーにする。
②単純明快のコツを知る。——複雑の単純化が問題解決のコツ。複雑な仕事も単純な仕事の組合せである。複雑な機械も1つひとつのパーツで組立てられている。仕事・手順を分解してみる。

③現実的・実践的であること。——可能性の選択で実践できる事から始めるのが、仕事を変えていくコツ。初歩から中級・上級へステップアップしていく。(守・破・離……のステップを進めてスキルアップ)

④何事も効率的にやる。——時間効率の最大化。ムダの最小化に取り組めば効率は最大化する。1分・1秒を大切にするものは、時間価値が分っている人、コストパフォーマンス意識が強い人である。

⑤いつも何かにチャレンジしている——挑むテーマをもっている人は幸せである。いつもワクワクニコニコで仕事を楽しくする。人生も楽しくしてくれる。

(3) 向上心旺盛で自分力を開発する人は成長する

自己の特技・特長・才能を伸ばす人は自己のもつ潜在能力も発掘して顕在化させ、仕事や人生に生かし、成果を得る。

①プラス発想・素直・勉強熱心・前向き・直向き・柔軟発想・成長心への目覚めで目標に向ってアグレッシブにアタックする。すべてにポジティブ思考で、パワフルに挑み続ける。

②仕事と趣味の両立で楽しさの収穫で満足。仕事を趣味の段階まで昇華すれば理想レベルである。いやいやながら行う仕事と、好きでやる仕事では、取り組む意欲も姿勢

も違ってくる。
③アイデアの種を撒き続け収穫を期待する。期待の収穫で満足。アイデアを生み出すのは関心・好奇心である。ナゼ・ドウシテの疑問をもつ。ささいなことにも疑問をもつ習慣に変える。
④行動の種を撒き続けることで、良い習慣の収穫で満足。何でもやってみなければ分らないことが多い。先ずは実践からすべてが始まる。実践すれば何かが変わり、結果・効果に表れる。
⑤新習慣の種を撒き続け、良い結果の収穫で満足。良い事は続ければ1つひとつ磨かれ、新習慣の輪が広がる。
⑥良い評価の種を撒き続ける幸運の収穫で満足。いろいろな事をプラスに値踏みをする習慣が、意外なメリットを生む。マイナスの先入観を改め、プラス思考で新発見に取り組んでみよう。

## 4. 克己心が強い自分力をつくる

(1) 己に克つ強い心が自分力を磨く

それは、軒先からポタリポタリと絶え間なく落ちる、雨垂れが庭先の岩を穿つような。気の遠くなる息の長いチャレンジ活動を、諦めずにコツコツと粘り強く最後までやり遂げる覚悟と信念をもって取り組むことが、あなたの年来の夢を適える道なのだ。サクセスロードを1歩いっぽ進んでいこう。

人はいつも新発見・新体験に興味をもっている。ワクワク・ドキドキ感で新体験に取り組み始める。スタート時点でいろいろな創意・工夫を加え、試行錯誤を繰返しながら、目指す目標到達に向って努力を続けてゆくが、いろいろとやってみてもどうしても、目標のレベルに到達できないケースも出てくる。

　この時点でどう考えるかで、その後の道が決まる。気まぐれに　何か新しいことに取り組んでみようかと、安易に決めた目標なのか、それとも生涯目標を成し遂げるためのステップアップ目標なのか、あなたの夢・目標次元はどちらだろうか。

　勿論あなたの仕事人生をジャンプアップするテーマであるはず、せっかくのチャレンジ目標、直向きに目標達成へ、全力投球をしてみよう。結果を出す・出してみせる。強い信念と覚悟をもって。

（2）人生のチャレンジテーマ

　このチャレンジテーマには、どうしても叶えたい夢がある。夢実現にかける思いの深さ・強さも並外れている。いろいろな分野で凄い実績をあげたトッププロは、今まで成し得なかった記録への挑戦心が、通常では考えられないレベルに高められている。特にアスリートが挑む記録更新には、凄まじいまでの執念で挑み続けている。そんな凄い記録を塗り替えるトッププロは、自己力向上の一瞬一瞬を大切にしている。

（3）克己心を育む自制心

人生のビジョン・目標に挑み続ける、努力の人（プロフェッショナル）には見習うことが多いが、ややもすると努力が実る成功の秘訣は何だったのか。

その成功のエキスは何かと、方法論に興味を示すが、そんな技術・スキルのみを知り得たとしても、それで目標達成のすべてを知り得たことにはならない。物事を成功させるには、長丁場の試練に耐えて挑み続ける、精神力とは何かを摑むことだ。

先人の教えるところによれば、「人はそれに克つことによって大事を成し、それを愛することにより失敗する」という。己に克つということは、自らに強い自制心を課し、日々の困難や障害に屈せず、なすべきことに立ち向っていくことだ。

## 5. 強い使命感・仕事感が成長の源

（1）あなたの人生目標は何ですか

二度とない人生、志をかなえる人生にしたい。あなたの人生目標をどうプランニングしているのか。私達1億2000万人の日本人、生まれも育ちも生き方も、1人ひとりそれぞれに違う。そしてその人生はどうもがいても1回限りである。いろいろな人生を送る主役はあなた自身であり、そして人はなぜ生きるのか、どう生きるのかは、人生の根本的テーマで

しょう。

　フランスの哲学者デカルトは、人が生きている実体・実感を「我思う故に我あり」と説いている。考える自己の本質を訴えているのである。

（2）高い志と理想に向って

　仕事を通じて1人ひとりの人生をいかに生きるかが重要である。通常の仕事のやり方では、あなたの隠れた能力は開発されない。生きるとは、一生をかけて世の中に役立つ自分力を見出し、磨き上げていくことである。

　この貴重な能力を生かして、何を実現していくか、強い志と高い理想を掲げ、こうありたい・こうなりたいと求め続ける求道者を目指すべきでしょう。人生で成功するには、成功の喜びを求め続けることである。かけがえのない人生、理想に向かって努力を続けることを楽しみたいものである。

（3）プロ人材への道

　①存在価値のあるプロ人材への成長目標を立てても一人前のプロ人材になるまで、一所懸命仕事と対決しても5年10年の歳月がかかるという。若くして成功した世界的なアスリートも、少年期から夢中になって猛練習を続けてきたはず。頭では分っていても実行できて始めて、トッププロとしての評価がなされるのだ。情熱をもってやる気を湧き立たせ、持続的な挑戦を続ける。それもできる迄愚直に粘りに粘り続ける

のがプロの真髄であり、人生をかけて挑む生きざまでしょう。

②一意専心に学ぶ困難打破の心。

禅海和尚が、過去の悪しき行状の懺悔のために、1人で掘り進めた山国川沿いの岩壁に完成させた青の洞門など、一意専心の心を学ぶべきであろう。ひたすら自分の思いを貫く執念はあらゆる事に通じるもの、信じて念じて初志貫徹を体得し、心の糧にしていこう。

③このような先人の苦闘に比べれば、私の仕事の壁を破ることなどとるに足らぬことだと、意を強くして、日々仕事と対決し続ければ、5年もたてば見違えるような自己成長に驚くはずである。

人生も仕事も受け身ではダメ。ポジティブに考え、トライ＆トライを積み重ね、自己の成長軌道を歩いていけば、周囲の人から信頼される、存在価値の高い人材として認められ、成長の喜びを味合えるのである。

（4）アップル創業者スティーブ・ジョブズが遺したこと

故スティーブ・ジョブズは、稀有の才能を発揮したスマホの父として、「現代のレオナルド・ダビンチ」「エジソン以来の発明家」と称された。

iMac、iPod、iPhoneなどで、コミュニケーション・ライフスタイルをひろげ、まさに「独創の神」であった。

それだけではない、ジョブズ・スタイルの生き方が、私達は「未来はもっとよくなる、想像をこえる素晴らしい未来に

なる」という確信を与えていたと感じるのだ。天才発明家が残した、エピソードや示唆に富む言葉は、未来を拓くフロンティア・スピリット開眼の助けになってくれると思う。

①仏教には「初心」という教えがある。

パソコンの将来性を見抜いたのは、ジョブズの「初心」だった。若き日日本の禅に傾倒し、「仏教には［初心］という教えがある」と、回顧している。禅で研ぎ澄ました初心が、パソコンの可能性を見抜く端緒となったのである。今を生きる我々も「初心を忘れず」を大切にしたいものである。

②心の底から思いを込めていなければ、やり遂げるかいがない。ジョブズは20代で億万長者になった。この恵まれた環境は、金銭に変わるモチベーションが、「好きだ」という強い信念に変わっていく。それは欲求の最高次元、自己実現欲求といえる。自分の才能や可能性をフルに発揮して、世の中を変えていく欲望だ。

③日々を最後の日として生きよ、その日は必ずやってくる。

よりよく生きるために、日頃から死を身近なものとして意識する生活は、禅に傾倒した若い頃からのジョブズの生き方だ。偉大な人物は日々を、1日1生ととらえた人生の戦いをしている。

④今日は素敵なことができたと思いながら眠りにつくこと。それが最高の幸せだ。悲観・傍観・無為無策からは何も生まれない。楽観的に・主体的に唯一の最高策で事に臨みたい。

誰もやれなかった事をやり遂げる。それが人生の大きな喜

びになる。勿論　困難なテーマをやり遂げるのは容易ではない。それでもあえて困難な課題をものにして、そのプロセスを楽しむのである。

## 6. あなたにしかできない、仕事を創り出す
スペシャル・キャリア・ディベロップメント

（1）古い殻からの脱皮を図る

　仕事の価値観が大きく変わってきた。ビジネスワークも、過去のスタイルそのまま毎日同じ繰り返しで、仕事をこなしているのみでは、仕事の改善は進まない、やりがい・働きがいも高まらない。遂にはマンネリ病に陥り、無気力人材に成り下がってしまう。世の中は変化・進化しているのに、古い殻に閉じこもっているのでは「浦島太郎」となってしまう。

　企業の競争環境も大きく変わっている。グローバル化が進み、価格競争も激しい。海外品の流入に加え、企業の海外移転も盛んである。コモディティー商品群は海外生産が進行している。

　この現象の渦中にある競争市場では、今までどおりの仕事のやり方では、競争に淘汰されてしまう。市場の変化に対応して、仕事のやり方を変化・進化させ、市場ニーズを刺激する、魅力的な商品・サービスに、バリューアップしなければ勝ち残れないと、危機感に目覚め自己革新・相互革新に積極的危機感をもって、ハイスピードでカイゼンに取り組もう。

(2) アントレプレナー・スピリットでプロ人材を目指す

やる気満々で革新成長指向の人には、チャンスの時代である。新分野を拓くアントレプレナー・スピリッツをもつ、チャレンジング・プロ人材が求められる時代である。社内の有能な人材として、現状破壊と創造を先頭に立って切り拓いていく、フロンティア精神旺盛なチェンジリーダーとして、イノベーションの遠大な夢にチャレンジしてみませんか。

こんな成長路線を歩むあなたとなるには、そのための自己力成長マップを描き、キャリアアップ・チャレンジプランを作り、日々の仕事プロセスで、脳力開発プログラムを廻していこう。現状維持の閉塞感を破り、企業を新成長軌道に乗せる、フロンティアリーダーとして、チャレンジロードを突っ走ろう。新しい楽しみの世界が拓けてくる。あなたがフロンティアリーダーとして、先鞭をつけるのである。

(3) キャリア・ディベロップ・プラン実現へのチャレンジ

自己のビジネスライフを実りあるものにするには、担当業務へのフルパワー発揮で、着実な自己成長ロードを走り続けることに、喜びを見出すべきである。

このために、ビジネスワークビジョンをデザインすることである。目指すゴールとそのレベルを明確にして、チャレンジロードへ挑み、レベルアップをものにしていくべきである。次表のキャリア・ディベロップ・チャートを活用して、あなたのジョイフル・プランをビジュアルチャート化して、デイ

リーアタックガイドとして作ってみませんか。

キャリア・デイベロップチャート

| キャリア・デイベロップチャート（ライフ＆ワークエンジョイプラン） | | | | キャリアアップ | | | |
|---|---|---|---|---|---|---|---|
| 得意分野 | ビジョナーリライフ | プライベート | テーマ・目標 | 成長度 | | | |
| | | | | I | II | III | IV |
| | キャリアアッププラン | ビジネス | | | | | |
| | | スペシャルスキル | | | | | |
| | | コンテンツ蓄積 | | | | | |
| | | 経験スキル | | | | | |
| キャリア年数　　　年 | | | | | | | |
| 年　　齢 | | | 歳〜　　歳 | | | | |

アントレプレナー(企業家)とは、新しいモノやサービス、新しい材料・新しい方法・新しい市場・新しい組織形態を組み合せ、新しい事業を生み出していく人である。（シュンペーター）

（4）頭がいい人の仕事のやり方

いろいろな仕事を要領よくテキパキとこなし、いつも良い結果を出す人は、仕事の考え方・やり方に創意・工夫と経験のエキスである知恵を加え、ムダのないやり方をしている。仕事の組み立ても、先考・先手で事前の準備・段取も怠らない。

やみくもに働いても良い結果は出ない。仕事の良否は実行

前に、知恵をこらして細心の準備・段取を行うかにある。

①頭がいい人は、仕事のカン・コツ・ツボを心得ている。

いつもの仕事で得た秘訣をメモしておき、そのエキスを整理・分類してノウハウとしてストックしている。いつでも使えるように整理されており、人に教える時にも活用できる。

②頭のいい人は、スグ仕事にとりかかる。

今できることは、スグに着手するのが期待する結果を出すポイントである。難しい仕事は取りかかる前に、入念な準備・工夫で、仕事をそつなくこなしている。良いアイデアがうかんでも、やってみなければ分らないことが多い。そのままであれば宝の持ち腐れである。物事の成否は考えているだけでなく、やってみて始めて分る。仕事は軽重と優先度で決めるが、先ずは着手することだ。

③頭のいい人とは、重要な仕事を任される人である。

頭のいい人には、ここ一番の重要な仕事が任される。出来る人は仕事の成功ポイントを心得ており、ツボを外さず結果を出していく。さらに期待が高まり、信頼のトップ人材となっていく。

④頭のいい人は、メンバーに気持ちよく働いてもらう。

頭のいい人は、メンバー１人ひとりの性格能力特性をつかんでおり、どんな仕事を任せたらよい結果が出るかを知っている。

⑤頭のいい人は、ミス・ロスが発生する前に手を打つ。

ミス・ロス・ムダを生む元は、場当り、その場しのぎで事

に当るからである。頭のいい人は事前準備を怠らず、予防対策もとる人である。ミスしたとしても、リカバリーが速い。

⑥頭のいい人は、経験のエキスを蓄積していく人である。

逆境でも不利な環境でも学べる人である。失敗の中からも学びとり、次の仕事に生かし、結果を出していく人である。

⑦頭のいい人は、ポジティブ思考をする人である。

常にポジティブ発想で、できる・できる・やれる・やれるのパイオニア・ワークに挑む人である。ネガティブ思考をする人は、ムリデス・ダメデス・デキマセンが口癖である。ネガティブな考え方を根底から変えてみることだ。

## 7. 大きな志が成長エネルギーを生む

### (1) 1回限りの人生、志をもって生きる

1人ひとり、人生はすべて違う。そしてその人生は一回限りで、あなたが主役の人生ドラマを演じているのだ。仕事をするということは、人生を如何に生きるかにつながっているのである。

自分の可能性は未開発で、その可能性は埋もれたままなのかもしれない。生きることは一生をかけて自分力の発見をし、磨き光らせることである。自分は生涯をかけて何を実現していくか、大切な事は志をもって、あなたの人生サミットに向って挑み続けることだ。

（2）挑戦が人生を実りあるものにしてくれる

会社の成長と社員1人ひとりの成長を支えるのは、革新のための挑戦を続けることである。すごいニューシステム・ソリューションの開発が、人々の生活・文化の向上に貢献していくのである。これまでにない刮目のニュービジネス開発へ結びつく、ビッグイノベーションを起すのも、情熱を持ち続け、互に革新を競い合うからである。日々の競争が進歩を生み出すのである。

チャレンジテーマの実現に向って愚直にやり続ける・粘り強さ。それが自信となり、確信となって人生のサミットに向って、アタックを続けるパワーの源になるのである。何事もやってみなければ結果は出ないし、変わりません。周到な準備のもと、トライ&トライで、成果獲得に挑み続けてみよう、成否を決めるのはあなたの意志と克己心である。

## 8. お客様満足こそ需要創造の原点である

（1）マーケティングの目的

マーケティングは、いろいろの要素から1つに集約される。それは顧客満足の創造である。顧客は常に合理的である。企業は「価値創造≧顧客価値」の欲求を充足すべきで、それが需要創造に結びつく。顧客満足度は購買動機を刺激する基本要因である。顧客は常に合理的な活動を行うものであり、顧客自身の生活価値・文化レベルを高めるものしか購買しない。

顧客は自ら求めるもの、必要とするものしか関心を寄せない。顧客の関心は常に、この商品あるいはこの企業は、自分にどんな効用・利便性を与えてくれるかである。カスタマー・ニーズにフォーカスさせる、バリュウーアップ・カンパニーこそ、これから目指すべき企業像である。

　これを支える社員1人ひとりのマーケティングマインドアップが不可欠となる。得意先の特長・担当窓口の個性・性格への対応力と密着度、商談のやり方はどうか、相手は満足しているのか、シーズンごとに魅力的な提案をしているかどうか、ライバルとの違いをどのように出しているか、得意先に評価されているかなど、自社のストロングポイントの訴求力をさらに掘り下げ、訪問するごとに新鮮なホット情報を提供しているのかなど、今までのやり方の何を捨て、何を付加すべきか、その1つひとつに、新機軸を組み立て、販促効果を高める、新鮮で効果的なものにしていかねばならない。

（2）購買行動の5ステップ

　顧客がモノやサービスを購入する際にはAIDMサイクルを回していく。このサイクルを進め購買意欲を高めてくのである。

　顧客が商品を決めるのは、見た目で気に入ったその時に購入する衝動買いもあるが、本来は常常買いたいと思っていた商品イメージにマッチするから購入するのであり、闇雲に購買行動をとるのではない。メモリーバックがバイイング・ア

クションを起こさせるのである。

　基本的な購買行動は5つのステップを経て購入を決める、心理と合理のマッチングにあるといえる。AIDMA（アイドマ）5つのステップで購入マインドを高めていく。

　A――アテンション（注目）――ショーウインドウ・ネット上で、トレンディな新商品を見つけると、「オヤッ、これは私好みのアイテム」と、強い感心をもつ。チャンスがあったら、くわしく見てみたい欲求がわく。ライブ・ショッピング・ステージでは、さらに欲求度が高まる。

　I――インタレスト（興味）
　このニューアイテムはどんなスタイル・カラーリングか、デザインはシンプルで飽きずに使える力など、ますます心ひかれるようになってくる。関心度が強まる。

　D――ディザイアー（欲求）
　チャンスがあったら、このアイテムを購入したいと、強い思いをもつようになる。欲求充足時の楽しい思いでウキウキである。

　M――メモリー（記憶）
　このアイテムは、ぜひ求めたいとの思いは記憶され、購入欲求を持続させる。購入のチャンスをうかがって、それを楽しんでいる。

　A――アクション（行為）
　チャンス到来、購入し好きなアイテムを手に入れた喜び

を実感。周囲の人にもこの喜びを自慢して悦に入る。これが伝わって口コミとなり、ヒットメイクとなっていく。

この5つのステップは、食品などの生活消費財・日用雑貨では、購入の選択肢が安全・安心と価格適応感（値頃感）にあるが、ファッション商品・レジャー商品・ホビー商品では、ブランドバリューと魅力度の選択肢になる。メーカーでは顧客の選択肢に入るバイイングポイントに主力を置いた商品開発が求められる。今はソーシャルメディア化が進んでいる。友人や知人の間での、ニューアイテム情報の関心と共感も、購入動機を刺激する口コミュニケーションも大きなプロモーションパワーとなる。このように売手サイドには多面的なプロモーションスキルが必要となっている。ユーザーの購入動機を刺激するインパクトの強いアイテムを開発することが、ブランド力を磨き顧客への商品価値訴求度を高める。

（3）価格中心から価値中心の提案営業へ

価格中心から価値中心の提案営業へパラダイムシフトを図る。モノの消費からコトを楽しむ非日常体験型志向の時代、モノの消費に沸き返った成長期の販売環境は昔日のこととなった。今の市場環境は。成熟・飽和。選択市場である。規格品の大量生産・大量販売でスケールメリットを追求した量販志向から、これからの市場は多様化・個性化・自分化への変化が進んで行く。

需要の複合化現象がさらに進むマルチマーケットでは、同

質化した商品・サービスではユーザーは新規・買替えの関心も興味も起こさない。市場の変化に合わせて、マーケティングのやり方も変えるべきだ。ニーズフィット・ウォンツ発掘型のマーケットイン・クリエティヴ・プロダクツへの変換が求められている。

　生活者は日常の生活・仕事・余暇のいろいろな場面で選択に迫られる。選択・判断でのスピードが問われる。商品サービは多種・多様なオプションから選ばれ、実行後の良否は、次回の判断サイドにフィードバックされる。

　選択・判断の試行錯誤から、ベター▷ベストに改善され、選択のテーマ１つに全力で当たる。顧客の選択のスキルは確実に上達している。営業マンは客の選択・判断のアドバイザーだ、お客から信頼されるマーケティング・ナレッジ蓄積とプレゼンのスキルアップが求められる。

　営業活動では、プレゼンプランのミスマッチは大きな損失を生む。選択ミスを防ぐには、多様なオプションと想定結果をシュミレーションしておくことだ。ａ案でだめな場合は、直ちにｂ案に切り替える、クイックチェンジのシステムを作っておく、損失の極小化と成果の最大化は、ビジネスに求められる経済原則だ。失敗も成功もその原因を明らかにして改善の手を打てば、セールススキルも高まる。

## 9. なりたい自分像をイメージすれば、現実化する

（1）念じて信じて挑み続けてみよう

①リラックスしている時には、脳が快適域にあり、ひらめきの素ドーパミンが分泌されており、いろいろなアイデアが生まれてくる。アイデアを生かし、新しい何かを生み出していくプロセスも楽しもう。そのプロセスでどうしたらアイデアが具体化できるか、実行プロセスもエンジョイしよう。喜びがさらにましてくる。

②息を吐き出しながら、身体をゆるめる呼吸法をマスターすれば、レス・ストレスでリラックスできる。リラックスすると、心も身体も緊張から解き放され、コンフォート・ゾーンにはいっていく。このリラックスゾーンでは、モチベーションレベルが高くなり、チャレンジマインドが湧いてくる。

③アファメーション（言霊）を高める

肯定的な自己対話で、アファメーション（言霊）が強まっていく、自己暗示をかけ、いつも〇〇をやりたい、〇〇できる、ヤレル・ヤレルの自己イメージを持続的に高めていけば、ドリームはビジョンとなり、チャレンジテーマに結びつき、実行の意欲も高まり、成果獲得に結びついていく。

アファメーションでは「私は……したい」という願望を「私は……をする、……している、……ができそうだ」など、すでに達成している言い回しをする。このことで、潜在意識

に働きかけ、自己目標達成の思いを強くし、やる気を高めていく。取組むテーマが成功した暁を想像して、粘り強くトライ＆アタックを、続けていくのである。

　同じ仕事をしていても、確かなゴール（目標）をもっている人とそうでない人では、その成果に雲泥の差が出る。ただなんとなく仕事をしているのではなく、確かな目標に向って前進しよう。

　どうしても成し遂げたい強い思いが、フツフツと湧き上がり、ゴールに向って一心不乱に挑み続ける、チャレンジパワーが生まれてくるのである。


（2）人・モノの移動に革命を起こした発明家達
「自動車の開発進歩が教えるものとは、いったいなんだろう」（必要は発明の母である。1つの発明は人類に幸せをもたらす。陸上から空を飛ぶ、航空機の発明につながる）

　①自動車のルーツは、4サイクルエンジンである。発明者はドイツの、ニコラス・オットーだ。発明者の名前を取って、オットーサイクルと呼ばれている。1876年（明治9年）彼は苦労を重ねて、現在のガソリンエンジンの基本メカニズムを作り上げた。

　自動車を「ガソリンエンジンで走る機械」とすれば、オットーのエンジン開発がなければ、今日の自動車社会は実現できなかったのである。ただしオットーが発明した内燃機関は巨大だった。高さが2メートルもあるので、そのままでは車

体に乗らなかった。

　②この巨大なエンジンの小型化に取組んだのが、ドイツの技術者ゴットリープ・ダイムラーである。ダイムラーはオットーの内燃機関を小型化し、自転車に取り付けた。オートバイの誕生である。さらに彼は駅馬車とボートにもガソリンエンジンを取り付けた。乗合バス・動力付きボートの誕生である。

　ダイムラーが、自転車に取り付けたガソリンエンジンの特許を取得したのは、1885年である。その時から、世界の自動車は急速な進歩をとげていった。

　③それから130年を経た今日、自動車の進歩は目を見張るものがある。環境対応性に勝れる、ハイブリッド車・電気自動車・燃料電池車……、さらに自動運転車など、モアベター・モアベストに向う。人間のとどまることを知らない開発マインドが、これまで不可能と考えられていた分野を、現実化していくのである。夢に向かってチャレンジする、尽きることのない開発者魂は凄い。ビジネスマンも自己の担当分野での、イノベーションの先例として学ぶことは多い。

（3）一流のビジネスマンのワークスタイル
　①一流のビジネスマンは、お金のためのみに働かず、好きなこと・やりたいことをやって、自分の社会的存在価値を高めていくのである。先ずは自己の確かな到達目標を作ってみよう。目標が確かな人は、その実現に向って全力投球を続け

る、それが人生の夢現ロードとなっていく。

②10分間を1時間と考えれば、1日は144時間にも増える。イメージトレーニングで、自己時間レンジを変えてみる。先ずは時は金なり、時は戻らずの時間価値に目覚めよう。時間は小さく刻んで使えば、密度の高い使い方が出来る。細分化時間でどんな事をやるか、仕事の再組立てをしてみよう。

③やりたくない、不得手なことへの努力は続かない。やりたいこと（コンフォート・ゾーン）にはいれば仕事が楽しくなり、結果もついてくる。毎日がニコニコ・ウキウキと楽しくなる。直向きに好きな道を邁進し、世の中に役立てば最高の幸せである。

④ナンバーワンは、下位者には興味なし、圧倒的上位者に対してプラナー（気）を起し、マインドパワーを湧き出させる。ナンバーワンは、常に下位者からの追い上げを受ける。さらに上位を目指して挑まなければ、トップから脱落する苛烈な世界である。チャレンジの連打が、さらに自らを強靭にする。

⑤ゴール到達をイメージして、逆算思考で理想スケジュール記憶を創り、理想ゾーンへのアプローチに、パラレル思考でイメージ脳を働かせ、新軌道を拓いていこう。単一思考よりも複合思考が、アイデアシューティングの範囲が拡がり、発想が多元化する。多重思考はノンバリヤーのアイデアフラッシュの宝庫となる。

⑥意欲的に働く人は、なりたい自分に近づいていく。仕事

が楽しく進歩の喜びを味わえる。無気力な人は仕事・遊びへの興味・関心も低い。強烈に潜在意識を呼び覚まし、有法子思考で（ユーファーズ──どんな困難な課題にも解決策はある）、革新に挑み続けるのである。

⑦人間の認知には４つの要素がある。

人間の認知には「認識」「理解」「評価」「判断」の４つがある。このステップをシリアル思考（１本道思考）と言い、思考スピードが遅くなる。パラレル思考で４つの認知を同時に複合的に行い、さらに思考のスピードアップを図っていこう。認知スキルが高まる。

この４つの認知を無意識に行う、複合思考・イメージ思考の訓練で、多面的な発想が出来るようになる。発想を多元的に行う。マルチ思考を試みよう。アイデアフラッシュは倍速化し、アイデアの実現チャンスも多くなる。

## 10. 自分力全開の生き方・働き方

（１）人間の能力は無限である（思い込む・信じこむ）

一見無理だと思える高い目標にもひるまず、情熱の炎を燃やし続け、ひたむきな努力・研鑽を惜しまない、そのことが私たちの能力を、（想像を超える迄）高めるのである。また同時に、眠っていた潜在能力を、開花させてくれる。あなたの潜在能力を呼び覚まそう。

細心の計画と準備があれば、成功の果実は実る。思いをか

なえるには、楽観的に構想し、悲観的に計画し、楽観的に行動することが必要である。通常は楽観的に夢想し、楽観的に準備し、楽観的に行動するから、失敗するケースが多いのである。準備は周到に、行動は細心で緻密に、きめ細かな自己チェック・相互チェックを怠らないことだ。

（２）あきらめず、やり通せば成功しかありえない

　新しいことを成し遂げられる人は、自分の可能性を信ずることができる人である。可能性とは、「未来の能力向上」のことである。現在の能力で、自分で出来るか出来ないかを判断してしまっては、新しい事はやり遂げられない。未来への期待と願望が、自分力向上に挑ませるのである。

　自分の可能性を信じて、現在の能力水準よりも高いハードルを課し、その目標を未来の一点で勝負すべく、全力を傾ける。そのときに必要なのが、常にやり遂げる「思い」の火を、燃やし続けることである。できる・できる、やれる・やれる、やりとげる。強い信念が、高い成長をものにするのである。

（３）大事をなすのは、瞬発力と起動力・継続力

　ものごとはアイデアが閃いても、やってみなければ、結果の良否は分らない。瞬発力・起動力・継続力が大切である。このためには日頃の反復訓練が欠かせない。アクシデントの発生に即時対応する、スピードリアクションは、ビッグテーマへ取り組むときに効果を発揮する。

たった今、このときを必死懸命に挑む。あふれる熱意・情熱をもって、真剣に今この時に全力を投入する。目の前のことに没頭して、瞬間・瞬間を大切に、全力投球する。これがまた、明日や未来を切り開くことに通じるのである。生半可で事に当れば、やることなすことが未完成となる。真剣に細心に取り組もう。

　仕事が「好き」であれば「燃える」人間になれる。物事をなすには、自ら燃えることができる、「自燃人」になろう。自ら考え・自ら動き・自ら拓く、フロンティア・スピリットを持ち続けよう。そのためには、世の中の変化への興味と探求心を持ち、変化の本質を学び生かすことだ。
　人の行動パターンは3つのタイプがある。
　＜順応型人材＞
　①周囲の人から刺激を受けると直ちに行動を起こす人。
　＜不動型人材＞
　②周囲の人から刺激を受けてもなかなか動かない人。
　　＜自発型人材＞
　③周囲の人から何も言われなくても自ら動く人。
　あなたはどのタイプですか。気質は変えられないが、考え方と行動は変えられる。

（4）目標達成の要は実行過程のセルフ管理にある
　目標達成のためには、目標に到達するプロセスの組み立て

と行動が必要である。いろいろな障害が発生した際に打つべき代案も、用意しておかねばならない。結果を意識しすぎて、プロセスを軽視すると、「行き過ぎた結果管理」になってしまう。プロセス重視とは「目標達成に再現性」があることである。詳細に組立て、試行された方法で活動に取組む入念さが必要である。

（5）仕事力を高めるヒントとは

仕事を思いどおりに効果的に行うには、仕事の取り組む姿勢と、そのポイントを習得しなければならない。以下に8つのヒントを記しているが、要は決めた目標に挑み続ける敢闘の精神が最も大切である。「信じて、念じて、一点突破」で、成長の壁を破る。

①生きがいとは、人が情熱を注ぐ人生・仕事の中に、苦労と共に見出す深い喜びである。苦労を苦痛から、快感に変えるのは成就感・達成感であり、これは何事にも代えがたい歓喜である。

仕事に生きがいやりがいを求めて、挑み続ける人は幸せである。ただ何となく成り行き任せで行う仕事と、強い向上心をもって取り組む仕事では、結果に雲泥の差がつく。困難を1つずつ乗り越えてこそ、達成の美酒に酔えるのだ。粘り強く、諦めず挑んでみよう。○○できると、いつも心の中で叫んでみよう。

②戦いに勝つためには、強くなければならない。強くなる

### 目標管理はプロセス管理

#### 結果管理はプロセス管理と同じではない

○結果だけを考えて、精神論でやみくもに努力してもよい結果は得られない
○ノルマ管理がうまくいかないのは結果管理だから
　ex）結果管理が行き過ぎると、翌月の出荷を当月の実績に盛り込んだり、架空の売り上げを計上する(翌月返品扱い)といった、うわべだけの操作に走る例が見られる。

#### 目標の設定はプロセスの設定

○ある目標を達成するためにはそのプロセスが大切
○個別、具体的なプロセスの設定が組み込まれていない目標は、単なるお題目に過ぎない
　ex）通常よりも高い売り上げ目標を立てた場合、それなりの販売促進策が必要になるが、そのような対策もお座なりでは効果が薄いので、プロセスの創意工夫が決め手となる

ためには、自分との戦いに勝つことだ。強い自分と弱い自分の違いは、心のもち方である。真剣勝負の気概を持ち続けよう。事は成ると信じて、粘り強く諦めず。

　昨日の自分が嫌になり、明日の自分づくりに努力を続ける人には、勝利の女神が微笑みかける。あなたを弱気から強さにかえるのは、あなたがつくる強固な意志・信念だ。昨日よりは今日、今日よりは明日と、日々励み続ける人には、不動

の信念が宿ってくる。

(6) 困難の壁を破る

①苦労という種をまいて、努力という肥料を注げば、満足という花が咲く。1日いちにちの努力の積み上げが大切である。先人が教える諺に、「苦労は買ってでもせよ！」というのがある。苦難を乗り越えるには、精神的・肉体的な苦しみから逃げていては事は成らない。全力を出し、励み続けるところに、困難の壁は破れる。敢闘の精神でチャレンジしサミットを踏破しよう、事は成ると信じて、念じて願って励み続けよう。

②何事も「重点的」「集中的」に「徹底的」にやることが大事である。仕事力向上には、得意な分野・関心がある・自信があることを選び、日々の活動に落とし込めば、結果はおのずとついてくる。やり始めれば中途半端で諦めず、継続的に徹底的にやり抜こう。そこから大事をなす真髄が学びとれるのだ。

③苦しくて、どうにもならない時の経験ほど尊いものはない。困難な課題を解決した時の、貴重な経験は生きてくる。

物事を成し遂げるのは容易ではない。何度も何度も挑み続ける敢闘の精神は、逃げない言い訳しない、不退転のあきらめない行動力がものをいう。失敗にめげずに得た貴重な成功体験の蓄積が、次のアタックに駆りたてる。

（7）理屈は後から先ずは行動を

①新しい事に取り組む際によく出る言葉は、これはムリだ・ダメだ・デキそうにない……などのネガティブな言葉が多い。先ずやってみる現場主義・行動主義が、困難を可能にしていく。ポジティブ思考で果敢に挑戦すれば、成功への道は拓かれる。

②途中であきらめるから失敗する。成功するまで続けることだ。折角始めた新しい取り組みも、3日坊主で止めてしまえば、何も残らない。残るのはネガティブ思考のみ、何でも取り組み始めたら、成功も失敗も結果が出るまで、諦めないことだ。結果が出るまで粘り抜く意志力を高めよう。克己心こそが事の成否を決める。

③大きく高い目標を設定し、その実現に向けて、努力を続けることが大切だ。願望こそ努力のエネルギー源である。

長い仕事人生で、何を成し遂げたいか、ロングスパンのドリームプランを立ててみる。この遠大な目標達成に向けて、日々の創意工夫と、絶えざる努力を続けることは、素晴らしい事だ。大きな夢を描き、夢を追い、夢実現をものにしよう。

（8）ボルテージアップでエンジョイ・ワーク

どうしたらボルテージの高い人になれるだろうか。最良の方法は、オープンマインドで、あらゆることに関心と好奇心をもつことである。このことが進んでいけば参画意識も高まっていく。何かに取り組んでみようと、興味と関心を高め、

自分が出来そうなことに、チャレンジするのである。工夫・努力で目標達成の喜びを体感できる。チャレンジが、病み付きになるはずである。これがエンジョイ・ワークに結びつくのである。

## 11. 自律・自発型人材への変身

（1）「スタート　アップ」の発想を取り入れる

速考・即決・速動が、実践成果を持続的に高めていくポイントである。思ったことは、よく考え、ただちに行う。

①誰もがイノベーターの資質をもっている。人間の脳には、創造の熱意がDNAに組み込まれて、ニューアイデアが創り出される。規制をかけず、アイデアフラッシュを試みる。

②構え狙え撃てから、狙え撃て、さらに撃てへ変える。何にでも躊躇せず取り組んでみる。スタートダッシュを速くする。そのことで、やったことの正否が直ぐに分る。

③変化にはチャンスと難題がつきものである。難題から避けていればチャンスを逃す。難題に対決し解決の糸口を探してみる。複眼的思考で多面的に解決策を探す。

④自立心・機知に富み・大志を抱く・順応性が高い。改革はスピードが命だ、ジャストインスタートで先頭を走り出す。逡巡していては、改革は先送りになってしまう。

⑤困った問題にフタをして、辛い判断を避けていても解決

は出来ない。辛さを乗り越えれば喜びが待っている。辛さを避けずに、受け入れてみる。オープンマインドが大切である。

⑥自分の熱意・知力・能力のフル発揮。仕事を好きになり情熱を注ぎ込みチャレンジする。チャレンジを楽しむ。

（2）依存型人間から、自律利他型人間に変わるには

◇他人から「してもらう」立場でいる人間は、足りないことばかりが目につき、不平・不満ばかりを口にする。しかし考え方・立場を変えて、してもらう側から、してあげる側に立って、周囲に貢献していく。「他を利する」ことが人として、ビジネスマンとしての原点である。ホスピタル＆ボランティアマインドに通じるのである。

①利他、他利◁自利の心を養い、人のために何が出来るかに注力する。「利他」の心とは、仏教でいう「他に善かれかし」という慈悲の心、キリスト教でいう愛のことである。もっとシンプルに言えば「世のため人のために尽くす」ということ。人生でも仕事でも、欠かすことができない珠玉の言葉だ。誠意・誠実心こそ人間としての基本であろう。

②人生や仕事の結果・成果公式（善循環サイクル）とは。

何事を行うにも、基本要素（考え方・熱意・能力・貫徹力）を実行すれば、成果発揮が確実となる。特に考え方・熱意のマインドを重視すべきである。

(3) 仕事・人生での成功ポイント

仕事や人生で成功する考え方は「プラス発想で」あることが、先ず何よりも大切なことである。つねに前向きで建設的であること、感謝の心を持ち、みんなと一緒に取り組もうとする、協調性を有していることが大切である。

明るく肯定的であること、善意に満ち思いやりがあり、やさしい心をもっていること。努力を惜しまないこと、足るを知り利己的でなく、強欲ではないことだ。このような善循環サイクルを、組立て実行してみよう。人生・仕事の喜びが高まってくる。

(4) 人生の9割は快活な心と勤勉さで決まる

最大限の努力を払って、勤勉の習慣を身につけなければならない。これができれば、人生も仕事も成長・進歩は目に見えて早くなる。「習うより慣れ」の言葉のとおり、同じことを何度も何度も反復練習するのである。それを怠れば、たとえどんな簡単な技術・技法であろうとも、ものにできず中途半端で終わってしまう。継続こそ力である。

(5) ものごとを成功させる基本公式

何を何のために目的・狙いを明確にして、熱心に取り組めば、自ら道は拓かれると、信じて・念じて挑み続けよう。

意欲・能力・継続実践力の成功公式を支えるのは、強い気力と意志である。

# V．夢を叶えるモチベーションの高め方

夢・ビジョンを叶えるのは、ポジティブシンキングで、フロンティアロードを拓くことである。

## 1．古い殻を破り、新しい明日を創る

（1）ポジティブ＆アクティブライフ

明日への夢と希望をもち、日々努力を続ければ、素晴らしい未来を生み出されていく。1日いちにちを希望に燃えて挑戦し続けるには、パッシブ思考（受け身・受動的）ではなく、ポジティブ（攻め・積極的）でないと、自己成長が遅れてしまう。考え方と姿勢・行動を変えることでやりがいのある1日か、反省の1日になるかに分れてくる。

アクティブ（活動的・積極的）に、自分の夢・想いを人生や仕事にぶっつけてみよう。あなたの思いは一歩いっぽ現実のものとなっていく。その過程で自己成長の喜びを体感できるのである。希望の明日を切り拓いていくのは実に楽しい。いろいろなテーマに取り組む際に、ネガティブ発想を払拭すれば、ポジティブ思考が芽生え挑戦の意欲が高まり、やる気もわいてくる。

成長願望をもつ人と、そうでない人の違いは、プラス思考か、マイナス思考かで決まる。ハングリー精神旺盛で、何か

を求め、挑み続けるアクティブな日常を、信念をもって貫きたいものである。

　これからの自分をどうイメージするかで、夢実現の可能性も高まり、実現の道が拓かれる。想いをもっと強く深くしていきたいものである。それには人生・仕事への誇りと志を強くし、この思いを持ち続けることである。

　過去の成功体験に満足せず、自己の強みを生かした、大胆な現状打破活動が、さらに希望の明日を拓いていく。3年後、5年後、10年後、こんな私になりたい、この思いを大胆にデッサンしてみる。安直な流れに逆らい、自分流を巻き起こせば、あなたが目指す希望の未来は拓かれる。

　新テーマへの挑戦は誰もやらなくても、自分の頭脳で考え最初に始動する。ファースト・ムーバーになる。こんな覚悟で挑戦するあなたになってみよう。リードオフマンかフォロワーになるかで、あなたの立ち位置も大きく変わる。一度しかない人生である。やりがいを求めてフルパワーで思いっきり挑んでみよう。

　世の中をリードする各分野のトップは、志の高さと意志の強さが桁違いに大きい。不動の信念に支えられた、フロンティア・スピリットは、強い思い入れから芽生える。いろいろな先駆者のパイオニア・ワークから学ぶべきことは多い。

（2）未見への挑戦で、ミクロのミドリムシを世に出す
　未見への敢くなき挑戦が、ミクロの世界から、人類へのす

ごい贈り物を生み出した。可能性を信じて、挑み続けた研究の成果である。パイオニア・ワークがいかに大切かを教えてくれる。

隠れたミクロの資源は、僅か0、05ミリの微小生物ミドリムシ（藻の一種）、この大量培養技術を成功させた、ユーグレナの出雲氏。大学１年のとき、海外インターンシップ（就業体験）で、バングラディッシュの栄養失調の子供を目の当たりにしたことが、簡便で多様な栄養素をとれる食品開発の必要性を痛感したのが切っ掛けだったという。日夜研究に没頭し、念願の商品化にこぎつけたのである。諦めずに粘り抜いた成果であり、フロンティア・ワークそのものである。

この微小生物には、ビタミン・アミノ酸など59種の栄養素が含まれている。増殖過程は光合成を通じて、二酸化炭素（ＣＯ２）を吸収しながら成長するため、温暖化防止にも役立つ。このような環境良化に役立つことにも着目して、ミドリムシの油分を抽出・精製して難易度の高い航空機燃料の開発にも乗り出している。食品から、ジェット・エンジンの燃料まで多岐にわたる。複眼でのネットワーク思考が新用途開発につながる。

ひとつの新物質の開発が、次の用途開発を誘発している。この新技術開発で、多様な食品群も次々に開発が進んでいる。

---

ベンチャーフロント：ユーグレナ、出雲充氏、2005年設立、サプリメント・健康飲料・クッキーの製造販売業

このように開発に強烈なフロンティア・スピリットを発揮するのは、「苦しみ、もがき続け、なお働け、安住を求めるな、この世は巡礼である」に学ぶ人生の開拓者魂。「山本周五郎座右の銘」は、名言として学べるのである。日常の雑念を超えて、人生のサミットへのアタックに、もがき苦しみ困難の壁を破っていく。「意志ある処に道あり」という、志こそ励みの原動力である。この思いを持ちつづけることが、大切であることを教えてくれる。

80歳でエベレスト登頂を成し遂げた三浦雄一郎氏のように、生涯現役を貫き通したいものである。強靭な意志力を貫き通し思い続け、やり続けることで、夢は叶えられていく。

（3）ユニークなＤＣ扇風機開発

これまで扇風機は、海外産低価格品（2000円～3000円）に押され、もはや大きな技術革新は起こらないと思われていた。そんな業界の常識を打ち破る、技術革新を起こしたのが、家電ベンチャーのバルミューダー（代表寺尾玄氏）だ。

やわらかな送風と省電力がうけ大ヒットさせた。価格は、一般品の10倍の３万円を超えるが、旺盛な需要に供給が追い付かないという。扇風機とはこうゆうものだという常識破りが、改良開発のスタートとなった。

開発の切っ掛けは、「常識にとらわれず、自分のやりたいことやれることで、世の中に役立つ物を創れば、市場から受け入れられる」の、開発姿勢を貫いた。

構造もユニークで、内外2重羽根、ブラシレスＤＣ　モーターで、消費電力3ワットの省電力だ。さらに周辺商品の開発は進む。

　このように、今までの常識を破る、逆転の発想で開発に取り組めば、思いがけない新価値が生み出される。人間の欲求の最高次元は自己実現である。この欲求実現に向うモチベーションレベルは感動につながり、アタックインセンティブも高まる。

## 2.　すごい集中力が夢を叶える

（1）あなたが成し遂げたいテーマは何ですか

　あなたが成し遂げたいことへの執着やこだわりが、目標達成への決め手となる。難しい仕事や、ライフワークテーマに、着手前から不安になることはないだろうか。始める前から「できなかったらどうしよう」「自分が決めた事だから、やってもやらなくても誰からも責められないだろう」とか、いろいろ屁理屈を並べることはないだろうか。ライフワークテーマにチャレンジする前提は、目標に向けて努力することが楽しくなることだ。

　困難な課題に臨む時、人は誰しも言い訳を考え、逃げ出したくなる、はじめからこのような迷いや弱気を断ち切り、集中力アップを図る、強い思い入れを心に決めるのである。あなたがやりたいと思ったことは、初志を貫く強い思いや信念

を持ち続けるのが大切だ。できるできる、やれるやれる。やりとげると、強い信念を持ち続けたいものである。

「勝つものは、決してあきらめない。あきらめるヤツは絶対勝てない」。アメリカン・フットボールの伝説のプレーヤービンス・ロンバルディの名言である。この言葉には、集中力を高める秘訣が暗示されている。それは徹底した執着心・執着力である。1つのことに朝から晩まで、どうすればうまくいくかを、考えて考え抜く直向(ひたむ)きさが、執着心や集中力を、極限まで磨いていく。集中的・徹底的に考え思い続ける心と粘り強い挑戦力が大切である。

継続的に成果をあげる人と、そうでない人との違いは執着心にあるといえる。諦めが早く、できない言い訳に終始するのが癖になっている人は、重要な場面でも後退していく。考え方や取組むテーマ・姿勢を変えてみることだ。先ずはチャレンジを楽しんでいるかどうかが大切である。

(2) カルビン・クーリックの教え

アメリカの第30代大統領カルビン・クーリックの言葉は執着心を語る名言として学ぶことが多い。不動の信念にもとづく、強靭な意志力を次のように語った。「この世に粘り強さに勝るものはない。才能？ 才能があっても成功できなかった例は枚挙にいとまがない。天才？ 報われない天才という言葉は、すでに決まり文句になっている。粘り強さと断固たる信念だけが、無限の力をもつ」と説いている。

（3）イメージの大きさと未来の姿

イメージの大きさで未来は変わってくるという。自分の将来をどうイメージしているか。5年後10年後の未来ビジョンをどのように描いているか。長年あたためてきたアイデアをもとに起業したい。業界トップのスペシャリストになり、注目される人になりたい。いま研究を続けている専門分野でユニークな発明をしたい。画期的なニューソフトを開発したい……など。

自らが、人生の道標を作っているかどうかが、一度しかない自分の人生を豊かにするための分岐点となる。人間は自分がイメージする、ライフビジョンの実現に向って挑み続けることで、自己実現をものにしてきた。あなたはすごい人生の夢実現に取組んでいることでしょう。夢実現に向って、チャレンジロードを楽しみたいものである。

（4）人間の欲求の最高次元とは

アメリカの著名な心理学者アブラハム・マズロー博士が唱えた、人間の欲求5段階説がある。5段階ピラミッドの頂点にあるのが自己実現欲求である。「夢を叶えたい・理想を追い求める」への、人々の不断の取り組みにつながる。思い続ける、挑み続けることで、夢は現実化していき、喜びが増えていく。

この自己実現欲求は、自らの知識や経験・能力をフルに発揮して、いろいろな困難や立ちはだかる障害を乗り越え、自

分の望む次元にもっていくことにある。それが自己実現に結びついていく。1人ひとりが自分の人生をデザインし、現実のものとしていき、エンジョイライフを拓いていく。

自己実現欲求は脳のA‐6神経やA‐10神経など、抑制されない神経から発生すると言われている。この事から欲求には限りがないともいえる。限界思考から可能性探求への、パラダイムシフトに取り組んでみよう。

(5) 自分の将来をイメージする

理想とする自分の将来像をイメージすることが、その実現に向って努力を続ける、アグレッシブな姿勢が生まれてくる。こうなりたい・こうしたい強い願望を持ち続けると、不思議と実現願望が強くなってくる。成功した時の喜びをイメージし、道は拓かれると信じて挑み続けることである。

ここでのポイントは、理想はできるだけ高くすることだ。簡単にできてしまうことは理想ではない。精一杯努力を続ければ、叶えられるレベルに設定しておけば、適度な心理的プレッシャーがかかり、実現へのチャレンジに駆り立てる。チャレンジテーマへの集中・連打力も高まり、日々の挑戦が楽しくなる。こんな夢現ロードを走る人生にしたいものである。

人は自分の考えること以上の、大きなビジョンは成し遂げることができないと言われている。大きく遠大な未来ビジョンを思いきって大きく描いて、口に出してみる。いろいろな

テーマに取り組む時に必要なのが集中力だ。集中力とは、「1つの事柄に意識を集中して取り組む能力」であるという。期限に追われ、懸命に仕事をしていると、あっという間に時間が過ぎてしまっていた。そんな事がよくある。それこそが、物事に集中していた証であろう。本当に集中していると、無我夢中で時のたつのも忘れてしまっている。そんな充実した日々を送れば、ビジョンの実現度は高い。

## 3. モチベーションを高める脳の働き

（1）やる気のメカニズム

仕事や勉強・スポーツ・趣味の世界で、やる気や効率にかかわる脳の働きが明らかになってきた。これまで、やる気は気分の問題として片付けられてきたが、最新の科学で、そのメカニズムが明らかになってきた。そのポイントは、次のようにまとめられる。

仕事や学校が始まる日曜の夜が最も憂鬱だ。予定を前に気分が進まないときもある。この気分が進まない感情で、大脳の扁桃（へんとう）アーモンドという部分が変化することが、動物実験で分ってきた。

専門的にはこうした感情を「スケジュール初期の負の情動」と呼ぶらしい、仕事などを躊躇するか、直ぐ始めるかを左右すると言われている。反応が強すぎると、適応障害を起こすと推測される。要は心理的なバランス状態を保っておく

かが大切で、ストレスのオン・オフの切替を図るべきであろう。

このメカニズムに動物実験（ネズミ）で、我慢強さの解明に取り組んでいる。実験場で、エサ場の小窓に鼻を入れて待つと７〜11秒後にエサが出てくる仕組みだ。待つときは、脳内神経伝達物質の１つ、セロトニンがかかわる神経活動が、増えることが分っている。

なにごとを行うにも、最初からスムーズに行えることは少ない。やる気が起った時、これをいかに持続するかが大切である。やる気（モチベーション）は、大脳辺縁系という場所が関係しているという。脊髄損傷のサルにリハビリテーションをさせて、指の運動機能の回復の様子から、回復に関係する運動野と大脳辺縁系の側座核の活動に、強い関連があったことが明らかになった。

運動の長期記憶形成は数時間で可能だが、知識などは脳の海馬（かいば）という部分に短期記憶され、大脳に長期記憶されるまで時間がかかる。頭で覚えるより、身体で覚えろというのには一理がある。知得・体得は反復連打からと言われる所以であろう。

モチベーション欲求を持続させるのも、取り組むテーマ実現のための、ノウハウ習得の根気強い反復学習が大切であることが分る。いろいろなことに関心・探求心を持ち、ノウハウ・スキルの習得に臨む時には、知得よりも体得が重要であることを再認識させられる。

ネガティブ思考では、外部の変化に関心や好奇心が湧かなくなり、脳は思考停止状態になってしまう。考えないことは、現在も将来もどうなるか・どうすべきかイメージできないために、何かを行おうとするモチベーションが起るはずもない。

　ポジティブ発想（オープンマインド）になれば、見てやろう、聞いてやろうと脳は本来の働きが始まり、考える・イメージする、アクティブティー欲求が生まれてくる。

　クローズドマインドからオープンマインドへ、心の閉塞状態を開放してみよう。外部情報の取り込みで、脳の知的活動が急速に活発化する。関心・好奇心の扉をオープンにしておくことだ。

（2）脳の各部が担ういろいろな役割

　脳神経細胞の働きは役割分担が明確で、正常に機能すれば、想像を超える脳力を発揮するといわれている。脳の機能を円滑に相互機能させるには、オープンマインドで外部変化の認知力を高め、脳の総合機能の活動力強化が求められる。

　人間の脳は、約1000億個もの脳神経細胞（ニューロン）で構成されている。1つの神経細胞が、他の多数の細胞とネットワーク構造をしている。その構造は大脳・小脳・脳幹に分れている。各部は密接に連係し、知的作用をつかさどっている。

　本能や感情は、大脳辺縁系によってなされ、小脳は身体で覚える運動の記憶を行い、脳幹は呼吸・自律神経の中枢を担

う。感覚や思考を司る大脳と身体各部の滑らかな動きやコントロールは小脳が担い、役割を分担している。

人間の経験の記憶は、まず海馬に蓄えられる。これは短期記憶と呼ばれる。何回も繰り返して思い返される記憶情報は、分類・整理され、大脳皮質にストックされる。ストック情報も定期的にメモリバックして、文字で書き・言葉に出して復唱してみることで、記憶の固定化が進む。

自己の願望を適えるには、テーマ・目標・実現ステップを繰返して、インプットすることで、モチベーション（動機づけ）のスタート信号としてセットされ、チャレンジ活動が始まる。

（3）ストレスの効用

①マイナスストレスをプラスストレスに変えるには、レスストレス化を試みる。人は日常生活でいろいろな困難に出合うとストレス（精神的な緊張）で、心を苦しめる。精神的な平常心を失い、胃の痛みとなり、食欲も減退し、さらに身体の活力も低下してくる。究極は心と身体のアンバランス状態を招き、精神障害で躁鬱（そううつ）の症状になる。憂鬱なことから逃れられず最悪の結果を招きかねない。

ストレスの発生は、何かに行き詰まった時、どうしようかと、悶々として悩み・苦しみ、その解決の術がなく、不安が鬱積してどうにもならない時であろう。これからどう離脱するかである。先ずはリラックス化を試み、ポジティブ思考に

シフトしていく。悩みから離脱するには、一時的に心を弾ませることに、テーマシフトを試みる。

②エミール・クーエの自己暗示の法則とは、意志と想像が競えば勝つのは想像であるという。病人が心の中で悪くなる想像をすると、治りたい意志があっても悪くなる。ストレスの元であるいろいろな悩みも、解決する・解決できると想像するのである。これがプラス発想であり、解決までの道程をプラスストレスで快感にひたり、ワクワクする心の状態を創り出してみよう。楽しくワクワクすることには快感期待に向かって行動を始める。

一方この悩みは解決できそうにない、ムリです・ダメです・デキマセンと、悲観的になり、マイナスプレッシャーに押し潰されてしまいそうになる人もいる。人生の難題に遭遇した際には、常にプラス発想のオープンマインドであれば、問題解決はプラス・プレッシャーとなり、これが強烈なモチベーションエネルギーとなっていく。

ものごとはとらえ方・取り組み方である。よくなるよくする発想で、活路を拓いていきたいものである。

よくする意志と良くなる創造は自分の長所「よいところ」を大切にして、短所を気にしない割り切りが必要。長所を最大にする考えるクセをつけていくと、長所はますます磨かれ、光を放つようになる。それが自信につながるのである。

③ポジティブな言葉で脳をその気にさせると、モチベーションレベルが高まってくると言う。人間の脳は私達が考え

るよりもずっと、曖昧につくられているらしい。

仕事がうまくいかず、気分がさえない時でも、無理に笑顔を作り、にこにこしていると、なぜか楽しい気持ちになるのが不思議だ。これは脳が表情・気持ちに「だまされている」状態となっているのだ。大脳生理学でも解明されている。

水泳の金メダリスト北島康介選手は、練習でやる気が高まらない時、プールに入る前に、「いいイメージをもつようにする」と、練習に集中できると語っている。たとえやる気が出ない時でも、自分にとっての最高のイメージをすることで、脳が騙されその気になるらしい。

イメージングは、書くことでも同じような効果があるという。何かを行う前に自分の目標やアタック内容を書くことで、目標の実行度やテーマの達成度も高まるのである。ポジティブ発想や思考、力強い言葉を発することは、自分自身のチャレンジ態度や集中度のみでなく、周囲にも良い影響を与えているのである。好循環のモチベーション・マインドが高まってくる。

## 4. モチベーションの発揮システム

### (1) やる気が湧き出る仕組みをつくる

人は自分の得意な分野で、チーム目標に貢献できることで、達成感を味合える。仕事へのやる気は、評価と承認・感動・感激で決まる。究極の喜びは自己目標の達成であろう。やっ

た・できたの喜び体感である。得意分野の研鑽に日々努め、目標とスケジュールを明確にして挑み続け、感動の貯金をさらに積み上げていこう。

　感動・歓喜の貯金が増えれば、やる気はますます高まってくる。これが限界まで高まると、予想外のチャレンジ成果を発揮する。これがシナジー効果である。それは1つひとつのテーマに、チームパワーの総力発揮で、真摯に取り組むことから得られる。メンバーのパワーベクトルを、1点に集中させることでチームの活動成果も高められる。

（2）高いレベルの仕事に挑む

　仕事にチャレンジ性（挑むに値する）を持たせることが、仕事・ライフワークのマンネリ化を防ぎ、いつまでも飽きずに、仕事や私生活に新鮮な気持ちで向き合える。好奇心・探求心が旺盛で、常に新発見の連続で、マンネリになる暇はない。新しいテーマにチャレンジし続けるのが、自己成長の秘訣だ。現状否定で自己改革を愚直に続けてみよう、あなたの成功への扉は拓かれていくのである。諦めず粘り強くをモットーに努力を積み上げていこう。

①いまどんな状況かを知ること。

　自分は今、何を目指し努力を続けているか、今どのレベルにあるのか、仕事や人生での役割や、キャリアプロセスでの位置づけや動きや状況が分るほど、やる気が出てくる。

　このために自己の成長レベルのセルフ・チェックが欠かせ

ない。ただ黙々と仕事をこなすのみでは、自己の進歩レベルが分らず、やる気も達成感も湧きにくい。1日いちにちの進歩の軌跡をマーキングすることで、新たな課題もみえてくる。

②仕事はチームワークの良否で決まる。いろいろな仕事の課題への検討と決定への参加することで、チームパワーアップへ結びついていく。これには参加意識のみではなく、実際にいろいろな課題の検討・討議に参画することで、人は自分の意見に存在感を強くし、自分の意見には責任感をもつものだ。自発的に積極的に、メンバーシップを高め、チームパワーアップに貢献しよう。ボランティア脳が働き、やる気と自己活性エネルギーも生まれてくる。

1人の力よりもチームの力を発揮させれば、予想外のパワーとなる。チームのシナージパワー発揮で、予想を越える成果アップが、次のチャレンジ目標に挑ませる。仕事も人生も1人でやり遂げるのは難しい。チームパワーの大切さに目覚めよう。

③どうすればメンバーのやる気を高め、チームパワーアップにつなげることができるだろうか。いろいろと考えてみる。ネガティブな「現状満足ではやる気は高まらない」。ポジティブな現状に不満をもつ。これが次の飛躍につながっていく。

④モチベーションを高めるには、現状満足から、現状不満に移行することから、レベルアップが始まる。

モチベーションアップのステップは次のようになる。

ステップ　Ⅰ
・目標をほぼ達成しているから満足な人もいる。
・大過なく過ごしているから現状で満足している人もいる。
　これではマンネリ病に陥ってしまう。──現状に満足
ステップ　Ⅱ
・もっと良い仕事をしたいからと、不満な人もいる。
・すべてのことに、不満だらけの人もいる。
　プラス・マイナスの不満混在──現状に不満
ステップ　Ⅲ
・他人の仕事には満足することもあるが。
・自分の仕事の結果には常に満足していない。
　チームメンバーが不満を共有する──現状離脱
ステップ　Ⅳ
・常にポジティブな不満度が高くなれば、向上心やる気はぐんぐん高まり、チャレンジに挑ませる。──モチベーションアップ
「やる気をぐんぐん高めるには」
・メンバーに仕事を任せチャレンジテーマを説明し納得させて決める。一方的な押しつけの決め方をしない。
・仕事を任せ成長プロセスを評価してやればヤル気は高まってくる。
・なぜ、どうして、なんで、こうなっているか。質問・自問もやる気づくりに効果的である。

（3）仕事をチャレンジゲーム化して楽しむ。
- 1人で黙々とやっているのみでは、面白さ楽しさも高まらない。互に競い合うことで、チャレンジ意識も高まってくる。
- スポーツでもマージャンでも、誰かと対戦をしてみて、勝ち負けを意識して事に当たってみると、俄然ファイトが出てくる。
- ライバルを設けて、競って・比べて力をつけていく。この負けたくない勝ちたい思いと、耐えざる努力とレベルアップの気持ちがチャレンジ・アタックにかりたてる。
- その道を極めた一流人の共通項は、決めたゴールに向ってただただ、基本の反復連打を繰返すと言われる。己を駆り立てるのは、ゴールへの果敢な挑戦による、自己成長の喜び体感であろう。この積上げが自信につながる。
- 先ずは低いゴールへの到達努力を日々積み上げていく、この積み上げが、また一段高い次のゴールを目指して挑み続ける源となり、継続は力を生み出し、次のパワー発揮の呼び水となる。
- この地道な繰返しが目指すサミットへの到達チャレンジである。挑戦は情熱である。実践は根気である。できるまで諦めない強い信念を持ち続け、粘り強いチャレンジを続けてみよう。

## 5. モチベーションが高まる働き方

（1）モチベーションの基本サイクル

①人の行動は何かの行動に駆り立てる欲求によって支えられている。人はいつも1つの欲求をもっているのではなく、その中で最も強い欲求が行動に結びつくのである。欲求といわず（願望・欲望）といってもよい。このように行動に駆り立てるものを動因という。欲求を満たすものを誘因と呼ぶ。欲求を満たすものを手に入れること自体が人の行動目標となるから、誘因はすなわち目標であるともいえる。

②目標に挑む姿勢と行動の誘因として、金銭欲・自己能力の向上欲・上位者からの能力承認欲・ライバルに負けたくないという優位欲などが考えられる。

また、社員1人ひとりの性格や能力、行動特性によって、目標への取り組み方もことなる。

インセンティブの根幹は、人としての成長欲・達成欲をいかに刺激するかである。これをモチベーションサイクルで示すと図のようになる。

インセンティブ制度は成果獲得に対して、ただ金銭面の刺激を与えるだけではない。未知の可能性に挑戦することで、能力開発と人間としての成長を喜べるという。

## モチベーションサイクルの体系図

やりたい、やれるテーマと目標を決めてチャレンジ活動を楽しむ。

目的／動機
- お金を稼いで豊かな生活をしたい。レジャーやホビイーの楽しみ資金の一部にしたい。
- その分野のトップとなり評価されたい。仕事のやり方を変える改善力で認められたい。
- 能力を高めてチームに貢献したい。さらに高い目標にチャレンジしてみたい。

⇩

（動因）行動の真因 ⇔ 誘因 行動の原因

どんなことを——やれるやり遂げたいアタックテーマか。
- どれくらい——到達目標を決め段階的にアップする。
- いつまでに——テーマによって活動期間を決める。

↓

モチベーションサークルの成功ポイント。
- 楽しく、いきいき、にこにこでチャレンジする。
- ユニークなアイデアをドシドシ取り入れる・サークルは他流試合も競争意識を高め続ける。

緊張の発生 → 目標を達成しようとする、もがきと苦しみのストレス発生)。

↓

手段の選択 →（いろいろなやり方を工夫し、どんなやり方を採用するか)。

↓

行動・継続 →（最適な行動を集中・徹底・反復実行・エンジョイ・アタック)。

↓

目標達成

↓

評価→褒賞→承認→賞賛→感動→継続アタック

（2）やりがいを感じて働くチームとは

①メンバーがやる気のエネルギーを高め、やりがいを感じ

て働く、朗働集団にするためには、チームメンバー１人ひとりが、自分の得意領域で、もてるスキル・能力をフル発揮させる。社内の風土・コミュニケーションの充実を図ることが求められる。このためにオープンマインドでフレキシブル思考が必要となる。これがチームパワー発揮の心の連鎖を作り出すのである。

　次のステップでマインドコミュニケーションの活発化を促し、やる気を高めるリズム・マインドアップと、メンバーの目的共有化で、チャレンジ活動を進めていく。

　②メンバーの１人ひとりが自分の能力やスキルを高めようと、強い思いから生まれた自発的なチャレンジが、素晴らしい働きとなり、これが広く仕事貢献につながる、「働きがい」であり、最も理想的な姿となっていく。このためには、チーム目標を真に共有化していくコミュニケーションのプロセスが大切である。

　③ときたま「楽な会社、イコール働きやすい会社」と考える人がいるが、そんな人達の集まりでは、自分勝手・バラバラで、いつも不平・不満を愚痴る。マイナス思考の不活性集団でしかない。原因を内部に求め、やる気不足の原因をチーム活動目的の再確認とコミュニケーション・メンバーシップの各要素を深く掘り下げ、改善の手を打っていくのである。

　④会社が何をしてくれるかではなく、私たちに何ができるか、自発的に考え行動を起こし、チームメンバーのやる気を高め、共創集団にしていく。自発性を高めセルフマネジメン

トの職場風土とリズムづくりにつとめ、チーム運営の責任と権限は、メンバーに委ねられて、オープンマネジメント・システムを採用すれば、さらにやる気の渦が起り、チームのボルテージとパワーは高まっていく。

## 6. やる気向上の5原則

(1) 理念の共有化で協創集団をつくる

やる気を高めるのはメンバーの理念の共有化で、チャレンジを楽しむ職場風土づくりに取組む、協創集団化である。

①現状に満足せず、常に変化に挑む――いつも同じ考え方・やり方だから、仕事はマンネリ化する――常にカエル・カワルで新鮮さを保つ。そのために未見のテーマを探し、挑み続けるリズムアップ・パワーアップの仕組を作り、廻していくのである。

②タテ・ヨコ・ナナメの活発な日々の交流がなされている。

マイニチの仕事内容はいろいろ変化する。その内容についていつも関係のあるチームとの情報交換を欠かさず、目的・目標の共有化を図っている。

③社員の採用は能力より理念を重視している。自社の理念を共有できるか。仕事ができる能力よりも、目的を共有できるか否かを見定める。チームのベクトルを合わせるには、目的の共有化が不可欠であるからだ。

④トップと幹部とのコミュニケーション、ディスカッショ

ンが盛んである。社内にマインドコミュニケーションのネットワークを張りめぐらし、トップとマインドの共有も図られ、常に報・連・相・打がなされている。

　⑤「痛い部分」もオープンにする。社員の勤務態度・姿勢・能力評価、改善ポイントを可能な限り、オープンに勧告・指導援助をきめ細かく行っている。良い点は評価してあげる。

（2）進歩のレベルチェックと改善の手をうつ
　働きがいのある会社は進歩のレベル・チェックで、カイゼンの手を打つ。社員が会社の理念と方針に、賛同・共感して、相互信頼を築き、会社は社員を人として信頼し、長所主義で人材評価と活用を図っているか、自分達の仕事に誇りと、やりがいを感じているかなどモラールアップする、社内風土ができているかを、総合的にチェックし、課題を明確にする。

　働きがいの総合レベルを点検し、問題の発見と根本原因を探し改善の手を打つ、さらにレベルアップするための、チェックシートとして活用する。主要5項目のチェックから、改善の手がかりをつかみ、スピードのあるカイゼン・サイクルを廻す。

（3）やる気を高めるチェックシート
　5項目のチェックは、メンバーが、ジョブ・モチベーションの現状と、原因を明らかにして、ベストの打つべき手を考

える。その前提は、原因▷経過▷結果のプロセスで変化する。現状(結果)から原因を探るには、手順をおって発生メカニズムから、問題の本質をとらえ、分析結果の根本原因を改善に生かす。

　自己チェック・相互チェックで総合判断しやる気アップに生かす。

やる気向上・チェックシート

| チェック事項 | 評価 | | | 未解決課題と真因 | 解決策 |
|---|---|---|---|---|---|
| | a | b | c | | |
| チェック5項目 1. 理念を共有化できる社員集団 | | | | | |
| 2. オープンマネジメント体制づくり | | | | | |
| 3. 変化対応と未見のテーマに挑む | | | | | |
| 4. 活発な日常のコミュニケーション | | | | | |
| 5. マインドコミュニケーションの充実 | | | | | |
| 合計 | | | | | |

　　　評価　a：5　b：4　c：3　　評点　MAX 25　MIN 15


## 7. モチベーションを高める6要素

　社員が自社で働くのはなぜか……？　この根本的なテーマは何かを把握しておかねばならない。仕事を通じて各々の人生での"生きがい・やりがい・働きがい"を高められる、幸

福追求の場として、相互信頼の持てるイズム・社風に魅せられて、日々挑戦しているのである。この期待にこたえられる、ビジョナリーカンパニーへの日々革新が必要である。

①経営理念、企業風土への共感
　　――経営に対する考え方、社風に共感度が高いか。
②会社のビジネスモデルへの誇り
　　――時代に対応した経営スタイルは誇れるか。
③仕事の役割と環境
　　――社員の役割分担が明確で働きやすい仕事環境か。
④多様な働き方への対応
　　――社員のワークスタイル変化への対応性はどうか。
⑤実力本位の人事・給与体系
――能力・実力に対して公正な評価をしてくれるか。
⑥人とのつながり
　　――チームワーク、人間関係づくりを重視しているか。

各項目の評価から、わが社・チームの特長と課題は何かをつかみ、その発生原因にメスを入れ、打つべき手を考えて、重要度・優先度で、カイゼンの手を打っていかねばならない。

## 8. 願望を成就させる心と技術

（1）願望の強さが欲求充足に駆り立てる
Wish & Desire
　　――こんなモノが欲しい、こんな願いを叶えたい（願

## モチベーションアップの6要素

| 項　　目 | 回　答　内　容 |
|---|---|
| ①経営理念、<br>企業風土への共感 | 会社の事業に社会的意義がある<br>　　重要度 68%　　達成度 58%<br>会社の理念やビジョンに共感できる<br>　　重要度 60%　　達成度 44%<br>会社全体に一体感がある<br>　　重要度 70%　　達成度 35% |
| ②会社のビジネスモデルへの誇り | 会社の将来に期待を持てる<br>　　重要度 75%　　達成度 38%<br>自社の事業に誇りを持てる<br>　　重要度 75%　　達成度 55%<br>顧客満足への志向が徹底<br>　　重要度 70%　　達成度 50% |
| ③仕事の役割と環境 | 仕事で自己裁量の範囲が広い<br>　　重要度 62%　　達成度 46%<br>年齢に関係なく責任ある仕事がまかされる<br>　　重要度 70%　　達成度 48%<br>個人の目標が明確で正しく評価される<br>　　重要度 78%　　達成度 37% |
| ④多様な働き方への対応 | 休日や就業時間の実態に納得できる<br>　　重要度 79%　　達成度 50%<br>育児・介護支援などの制度が充実<br>　　重要度 76%　　達成度 42%<br>専門性をもつ人がきちんと処遇される<br>　　重要度 70%　　達成度 42% |
| ⑤実力本位の人事・給与体系 | 業績により給与が大きく上下する<br>　　重要度 59%　　達成度 40%<br>個人の成果により役職が上下する<br>　　重要度 62%　　達成度 40%<br>株式購入権や持ち株制度がある<br>　　重要度 40%　　達成度 30% |
| ⑥人とのつながり | 尊敬できる優れたトップである<br>　　重要度 82%　　達成度 43%<br>組織がフラットで自由に発言できる<br>　　重要度 70%　　達成度 46%<br>性別や年齢・役職などの差別がない<br>重要度 76%　　達成度 52% |

望・欲望）を強くして持続すれば、欲求充足の行動に移っていく。実践こそが成果発揮の基本である。

①何をやっても続かないのはなぜか

　——自分の意志（あることを成し遂げたい強い心）が弱いから、続けられない、一番の理由を「意志の弱さ」と考えている。思いを遂げるのは、強い気持ちを持ち続けることであり、克己心がものをいう。

②願望を強くして行動を続ければ、事は成る。「会社(仕事)の目的は、お客様の満足を高め続けることである。

　——願望を具体的に描けばやるべきことが明確になる。やるべきことを徹頭・徹尾やり抜けば事は成る。やり抜くまで止めない。できない・続けられない、諦めを排除して、こうなりたい、ああなりたいと思う願い・誓いを強くする。この思いをさらに強くする。

③あなたの会社・チーム・あなたはどんな成長願望をもっているか。（フォーマットに整理してみる）

**成長願望まとめ表**

| 会社 | チーム | あなた |
|------|--------|--------|
|      |        |        |

(2) モチベーション効果を高める、考え方と取り組み方

「会社は、お客様満足を提供するしくみで、お客様にとって良いことを行い、期待に応えていかねばならない、そのことを収益に乗せるのが経営だ。顧客満足こそ付加価値アップの要である。この目的達成のために、日々チャレンジするのがアクティブなモチベーションである」

①失敗を繰り返し、続けられないと思い込んでいる人は、意志力が弱いのではない、「願望」つまり、適切な目的や目標の決め方が、思いつきだったからではなかったか？　考えに考え抜いてやるべき事を決める。何事もそんなに簡単にできるものではない。だからトライを続ける価値がある。

②いつも快感感情にこだわる人は、ノンストレス病に浸り、仕事も楽な方、楽な方に流れてしまう。厳しいテーマにも挑んでみよう、達成感も強くなる。プラス・ストレスに挑んでみる。その結果・効果は表れてくる。

③人は心の底から求めているもの「願望・熱望」にあえば、自然と挑戦は続けられる。努力の結果は自分が大きく見違えるように成長する。願望を達成した暁を夢に描き（想像）、困難を乗り越えていこう。あなたの願望は花開き、次第に大輪の花となる。

④人は苦痛になることは避けてアタックしない、イヤイヤながら仕事を続けていても大きな成果は得られない。視点を変え一段高い目標にもチャレンジしてみよう。活路は拓かれると信じて励む。失敗を恐れていては、未見の喜び楽しさは

得られない。勇気を出して難しいテーマにも取り組んでみよう。意外な結果が出るかもしれないし、時にはスリルもチャレンジの刺激剤として味わってみよう。

⑤未来願望追求型のポジティブな人には未来が展望できる、未来に希望を託す積極姿勢を維持しようとする。いつも未来・将来を見据えたビジョナリーライフでありたいと、思い続けている人は自ら考え、自ら思う、自主性・自発性が、やる気をもって続ける核心となる。先ずは願望成就を思い続けることだ。これによりいつも、ああしようこうしようと、思いを巡らすようになる。

⑥何かに取り組む前に、自分なりの意味づけするのが、主体性・自律性を生み出す元となる。自己決定の強さが、挑む力を強くする。他人依存型でなく自らが切り開いていこう。

⑦何をしても続けられない人は、じつは何も始めていないのだ。どうしよう、ああしようと考えているのみでは、何もしていないことと同じこと。続けられる人になるためには、継続力の前に決断・決意・行動・突破力が必要だ。優柔不断からは、飛躍・発展は望めない。スピードこそ成果を高める基礎条件である。

「ジョブエンジョイメントのパラダイス創りに挑む」

人は誰しも、今よりも豊かで心地よい社会実現への期待をもっている。このためには、１人ひとりが現状をいかにより良く変えていくかである。現状のままの仕事のやり方・生活スタイルを続けているのだけでは、進歩・発展は生み出せな

い。人類はこれまで5000年の発展史を創ってきた。さらに豊かで心の充足が得られる幸福化社会づくりに取り組んでいくべきであろう。その働きかけを楽しむ、ジョブエンジョイメントの理想システムづくりに励ませる原動力が、モチベーション（欲求実現の起動力）ではないだろうか。

(3) チャレンジテーマをいかに実現するか

① 「決意はコミットメント(宣言)することで、実現願望は高まり、不退転の決意が、アタック行動に駆り立て、チャレンジマインドが沸騰する（「W・M・Cサーク」図参照）。

② マズローの５つの欲求段階にそったチェックリストであなたの欲求レベルを評価しよう（次頁参照）。

③ テーマへのチャレンジが続けられない３要素とは——言い訳・自己正当化・無責任である。この真因を排除し、続ける心・やりとげる思いを強くして直向きな努力を続ける。

［成長願望の強さが、不退転の行動に駆り立て挑ませる。］

○成果（成功）の80％は20％の優先テーマで決まる

○いま強く思っていることが、将来現実のものとなる。思い続ければ事は成る（思わざること、実行せず、実現せず）。

○質の高い仕事をして人に喜ばれるには、良き人間関係を築くことだ。（ワンマンパワーから、チームパワーへの開眼）

○自分との約束を守り抜く、やり続け、諦めず粘り抜く。

○良いチームは発展願望のかたまりであり、挑戦集団であり続ける。

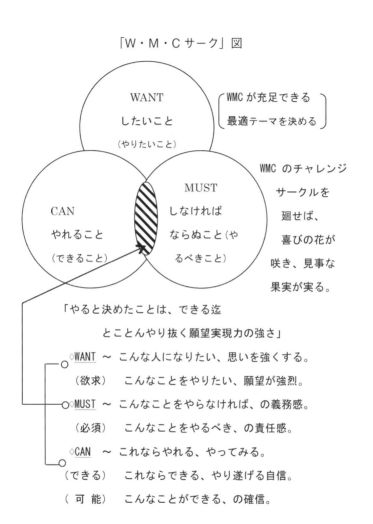

夢を叶えるモチベーションの高め方

マズローの５つの欲求段階にそったチェックリスト

| | |
|---|---|
| ①自己実現の欲求　　　□<br>自分の思い考えを実現したい思いが強い。 | ①楽しみの欲求　　　　□<br>主体的に何かを楽しんでやりたい |
| ②自我・自尊の欲求　　　□<br>人から認められたい誉められたい。　　　　　　　　　　□ | ②自由欲求　　　　　　□<br>精神的・経済的に自由を得たい<br>③能力発揮　　　　　　□ |
| ③社会・愛情の欲求　　　□<br>友達・仲間が欲しいグループに属したい。　　　　　　　　□ | 自分の能力・才能を認められたい<br>④愛と所属の欲求　　　□ |
| ④安全・安定の欲求　　　□<br>安全・安心・健康に暮らしたい。 | 愛し愛される人間関係を築きたい |
| ⑤生理的・生存の欲求　　□<br>死にたくない、食べる眠る　□ | ⑤生きる欲求　　　　　□<br>心身ともに健康に生きたい |
| 願望の整理帳　名前＿＿＿＿＿＿＿　　T□　整理日　　年　　　月 ||
| これからも続けたいこと | これからトライすること |

評価　A：5　B：4　C：3

# 9. やる気を最大にして感動を高める
　一心不乱に働き、仕事と人生の質を高め続け夢を叶える

（1）人は快感を求めてやる気を出す

　①人は「快感」を得るためならば、やる気も出るし、やる気を出して目標を達成した先には「快感」がある。快感が人

間精神の発動、人間行動の原動力となる。「意志・創造の脳」である前頭連合野は「やる気の脳」を支配し活発化させる。

　②人がいくらやる気をもっているといっても、何に対してやる気を出すかが、明確でなければ、やる気の発揮をしようがない。

　何のために、何をどのくらい……の具体的目標を設けることで、やる気の目的意識が明確になり、目指す方向も定まる。この目標に向って猛烈に活動を始めるのである。

　③やる気の脳は「表情・態度の脳」である大脳基底核を刺激する。やる気のある人は表情が引き締まっているし、目に輝きがある。動作も敏捷で全身に溌剌さを感じさせる。脳の表情は人の身体に投影していると考えられる。端的に表れるのが顔である。

　目の輝きが違う、脳が快の状態を保っていれば、やる気の表情・挑む体制・行動・活動の運動指令が神経系統に流される。これを持続する快の心の状態をどう維持するかにある。

　成功体験の蓄積が、その核心であろう。そのことがもたらす快の感情を引き起こすテーマに、人は熱心に取り組み続ける。快感・快適系行動に関心を示し、実現願望を強くしよう。

（2）やる気を高める秘訣とステップ
「欲の大きさ・強さが大きな仕事をやり遂げる」
　①明確な目的意識をもつ
　　――目的・やる気が向かう到達点とその内容をイメージ

してみる。到達したときの歓喜と感動を夢に描き、期待感を高めていく。

②やる気を引き出すテーマ・目標とは

——目標は高すぎず低すぎず「努力をすれば達成できる」適度なレベルにすべきである。目標達成については、どれだけ達成意欲をもっているかである。

この意欲を起す誘因となる、達成動機のレベルは・卓越した目標・独自の目標・長期の目標に分けられる。

どのレベルを選ぶかは、あなたが目標達成の方法・ステップに、具体的なやり方で取組めるかどうかである。詳細な行動設計と実行推進が必要となる。

### 達成動機の3つの強化要因

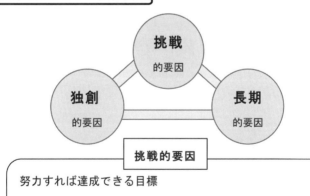

**挑戦的要因**

努力すれば達成できる目標
- ハードルは高すぎても、低すぎてもいけない
- 「よしやってみよう」と言える適度な困難さが必要

**独創的要因**

新鮮なアイデアを織り込んだ目標
・どこでも誰でもやっているような目標でなく、ユニークな発想新しいやり方を織り込むことにより、「よしやってみよう」という気を引き出す

**長期的要因**

持続的な計画にのっとった目標
・思いつき的、単発的でなく、ある期間をかけて持続的、計画的に取り組めるものであれば、やりがいも高まる

③好き嫌いも、欲と共にやる気
　——そのことに強い関心を持ち、プラス項目を探し出そう。マイナス項目も減らせば、プラスボルテージは高まる。
「考え方を、プラスに変えれば、やる気も高まる」
④好きと嫌いをつなぐ好奇心
　——対象が漠然とした未知の領域であっても関心をもってみる。興味があることが分ってくるかもしれない。
隠れた領域も顕在化してくる。さらに自己能力の発揮につながっていく。
⑤「オヤッ」から始まるやる気

夢を叶えるモチベーションの高め方

――好奇心はやる気の初めにあって常に心身にやる気を起し、行動に誘う脳の働きである。すべてに好奇の目で関心をもってみる。新発見に驚きワクワクしてくる。
⑥達成感は次のアタックに駆りたてる
　　――アタックしていたことが成功した時、成功体験が快感ホルモンを分泌する。また次のテーマへの挑戦をうながす。次々に新しいことに取り組んでみることが、さらに新発見・新感動を味合える喜びがわいてくる。好循環サイクルが廻りだす。

## 10．やる気が湧き出る仕組とは

(1) 仕事のやる気の出し方

　人は自分の得意な分野で、チームテーマに貢献できるかどうかで、達成感を味わえる。仕事へのやる気は、評価と承認・感動・感激で決まると言われている。得意分野の研鑽に日々努めよう。目標とスケジュールを明確にして挑み続け、感動の貯金をさらに積み上げていこう。

　1つずつ成功の喜びを増やしていけば、やる気のエネルギーは充満してくる。やる気のエネルギーストックが増えれば、次のテーマ・目標に挑むやる気も高まってくる。これまでの成功の連鎖がさらに好循環を生み出し、関係するチームメンバーにもチャレンジ意欲が伝わり高まって、シナージパワーを生み出していく。

（2）モチベーションは、どこから何で高まるか
（アンケートに見るモチベーションを左右する条件・要素は何かを明確にする）

あなたは日々やる気をもって仕事に取り組んでいますか？

(某社の事例)

| 取り組んでいる | 56.8% | どちらかといえば、取り組んでいる | 16.6% |
|---|---|---|---|
| どちらかといえば、取り組んでいる | 23.6% | 取り組んでいない | 3% |

| 18.3% | 14.7% | 67% |
|---|---|---|
| 高まる？ | 変わらない | 低下する |

やる気の源は何か（複数回答）　回答数（2453）

①給料などの収入面　　（725）　29.6%

②仕事への責任感　　　（566）　23%

③得られる達成感
　充実感　　　　　　　（509）　20.8%

④上司や仲間から
　の評価　　　　　　　（339）　13.8%

⑤取引先や利用者
　からの評価　　　　　（314）12.8%

仕事の評価に納得がいかないとやる気は？

| 高まる | 18.3% | 変らない | 14.7% | 低下する | 67% |

(3) 上司や先輩の言葉でやる気が高まる言葉

| ・○○に頼めば安心して任せられる | 44.5% |
| ・良くやったなど、労いの言葉 | 38.0% |
| ・みんなで頑張ろうなどの、チームパワーを高める言葉 | 15.0% |
| ・「○○はすごい」とライバルを褒めるなど鼓舞する言葉 | 2.5% |
| ・君だからやれたんだ、凄いぞ、これからも頼むぞ。 | 1.7% |

やる気を高めるために、何かをしていると尋ねると、「はい」と答えた人は53%で他の47%は「いいえ」と答えた。

次に「やる気を高めるために、どんな事をやっていると尋ねた結果が以下の通り。

①目標を立てる　24.4%

　　──狙いを定めて取り組む。

②趣味などで気分転換　22.6%

　　──時にはマインドリフレッシュ。

③やるべきことを書き出す　19.0%

　　──書くことで、やるべき事の再確認。

④休みの計画を立てる　16.2%

　　──リフレッシュタイムも設ける。

⑤自己啓発の本を読む　13.8%

　　──新鮮な考えも吸収する

⑥メンバーとの交流を行う　4 %

──互いの考え方を知ることは、やる気向上に役立つ。

（4）上司でも部下の言葉でやる気が出る
① （仕事がうまくいったとき）かっこよかった。
②一緒に仕事をしていると楽しく、ワクワクしてくる。

## 11．仕事力を高める心理と行動

（1）ジョブモチベーションマインドを高める
①動機づけでの内発性＆外発性（自発的か外部変化から触発か）で、自発力発揮の違いがでるという。「自分の中に目的があって行動を決める人は、内発的動機の強い人」。「人にどうみられているか、利害に左右される人は、外発的動機の強い人である」。自律性か他律性か、自分の行動パターンを分析して、行動パターンにマッチしたやり方で、モチベーション・マインドを高める努力をしてみよう。

②自分の性格に合った、実行力開発に取り組んでみよう。このことから仕事の成果が高まり、やる気がますます高まってくる。

人は自分がやりたいことには、強い実現願望をもつものだ。やりたい事に、できること、やり抜けることが加われば、実現の可能性はものすごく高くなる。

内発的動機の強い人は、改革意識・起業家精神も強い人である。こんな開発マインドの高い人こそ、将来のニュースタ

イル・ワークを生み出すチェンジ・パワーになるのである。すべてのビジネスマンに、このチャンスはある。あなたもブレーク・スルー・マインドで、チャレンジしてみよう。

　③仕事力を高めるときに起こる課題の解決法には、自分力開発で仕事能力開発に取り組む際には、いろいろな問題が発生する。より高い目標に挑めば挑むほど、困難な問題が生じる。問題にどう対決するかであなたの能力アップレベルが決まるのである。

　④仕事能力開発に取り組む際に、必要となるのが対人関係力である。仕事を効果的に進めるには、1人では難しい、チームメンバー相互の協力関係が不可欠である。対人関係力を高めるには、心理的要素も欠かせない。人の心をつかむ深層心理も学び、人が喜ぶこと、あなたとともに仕事ができることを楽しむ、仲間をつくり協力の輪を広げることである。

　⑤対人関係能力を高める（人と人との関係を良くする）
　まわりの人たちとよい協力関係を築く、人間関係能力。
　——相手が何を望んでいるか（心理ニーズ）を読み取る。
　——相手の心を満たす精神的褒美を与える。
　——相手をいい気持ちにさせる（快感・快適域に這入らせ心地よくさせる）。
　——究極は相手との信頼関係を築く誠実さと、ギブアンドテイクの関係づくりとなる。

　相手のため、周りの人のためにの、心からのホスピタル精神とボランティア・マインドが、極めて大切なのである。

⑥自己の現状からの離脱を試みるのは、チームメンバーと自己の能力レベルにギャップを感じた時なのである。この現状打破に臨む時は、いろいろな不安が輻輳する。その突破口は、クローズドマインドから、オープンマインドへの切り替えにある。メンバーに自己の不安・悩みを打ち明けてみることである。不安解消の端緒が開かれるでしょう。

(2) 不安の3態と解決策

不安は目指す方向と現状とのギャップから生まれる。不安のタイプを紐解けば解決法は見出せるもの。徹底した自己分析を試みてみる。

・予期型不安

よくない現状から、これからのことが不安になる。予期不安を払拭するような現実的解決策を考えて、やってみることから活路が開かれる。

・自我理想型不安

理想と現実の悩み・不安にさいなまれる。こんな自分から離脱したくて一念発起。悩み続けるより、自己開眼で一念発起してみよう。

・超自我型不安

チームの変化についていけない自責の念で思い悩む。なんとかしたい。その解決策を考え、できることから実行に移し自信をつけていく(オープンマインドで突破口を開く)。

（3）集団心理学でグループパワー発揮

望ましいメンバー編成と業務配分に、適切なインセンティブが働けばチームパワーは、1.3〜1.5倍にも高まるといわれている。メンバーのパワーベクトルを合わせる方法は次の3点にまとめられる。メンバーの特長・状況に応じて、いろんな手を打ち、チームパワー発揮に結びつけていく。

①依存によるまとまり

　　——まとまりのない烏合の衆の中からリーダーが生まれ、彼に依存するチームパワーが生まれる。人望とリーダー特性に優れる人が出てきて、メンバーのリード役となる。

②仮想敵をつくる

　　——チーム内外に仮想敵を作り、これへの闘争心がパワーとなる。攻撃ターゲットをつくる。挑めば勝てる仮想敵を作るのがポイントだ。

③ペアーリング

　　——理想のカップルを作り、これを盛り上げていきシナージパワーアップを図る。

メンバーの能力レベルと相性のマッチングに配慮する。

# Ⅵ. リフレッシュタイムにFウォッチング

早朝のウォーキングは、絶好のウォッチング・シンキングタイムである。いつもの野辺歩き、ときには南面にのびる山並のトレッキングで英気を養っている。さあ、今日も1日元気でスタートダッシュ

## 1. 四季を愛で野辺のウォッチング

（1）早朝ウォーキングで英気を養い、アイデアメイキング

ゆるやかに時は流れ、巡り来る季節の変わりいくさまを愛で、自然に親しむスローテンポで時が過ぎゆく古き良き時代から、目まぐるしく日々が過ぎていくデジタルなドッグス・タイムの時代である。気忙しい日常に、うっかりしているとライフビジョンンも見失ってしまいそうになる。人はさらにハッピーライフへの期待を抱き、日々の仕事に勤しんでいる。私も、長年好きな仕事であるコンサルタント業界に身を置いている。

コンサルティングは、常にクリエイティブ・ソリューションの創造が求められる。そのためのアイデアフラッシュには、オン・オフのタイム・シフトが欠かせない。発想のベストタイムは早朝のウォーキングである。幸い自宅周辺は緑濃い山裾の田園地帯である。南面は耳納山脈が緑の陰影を波うたせ、北面は青きたゆらな流れをつくる筑後川である。四季折々に

山と河の景観を楽しめる。

　山麓をすこし登れば段丘にそってしつらえられた、柿や蜜柑の果樹園をぬってくねる小径が、ウォーキングコースとして整備されている。四季折々に、ウォーキング客で賑わいをみせる。そんなウォーキングの好適地を、その日の気分と体調でルートを選び、季節のうつろいを感じ、路傍の野草を愛でながら、山鳥の囀りに耳をすませ、野辺歩きをウォーキング・リフレッシュタイムとして楽しんでいる。

（2）待ちに待った春の野辺歩きに、心うきうき

　南北に細長くのびる日本列島は、アジアのモンスーン地帯に位置している。北極海が生み出す寒流と、赤道帯が生み出す暖流が交わり、寒暖と多湿の気象を生み出し、南北にのびる島国に、際立つ四季の彩りと美しく和みの風景を醸し出す。四季折々に美しい瑞穂の国である。

　鉛色に塗りこめられた冬空の雲間から、薄日がもれはじめる頃、厳しい冬の寒さも、少しずつ和らぐ、とても凌ぎやすい温かな、春日和の季節が巡ってくる。心地よい春風が吹き抜ける。一雨ごとに暖かさを増していく早春の野辺は、緑のウエーブを揺らし梅や桜のつぼみも、日を重ねるごとにふくらみをましていく。待ちに待った春の訪れは近い。

　早朝の風はいまだ冷たい。まもなく朝日がさしはじめて、辺りは暖かみをましてくる。今年も立春の季がめぐってきた。心も晴れやかだ。見渡せば遥かな山並は、緑のグラデーショ

ンをかけはじめている。春霞の中に大社の朱色の社殿もかすかに望まれる。

　人が自然を愛でる心は、巡り来る季節への恋慕からだろうか、春はきらめく光の玉を散らし、心をうきうきさせ、なごませてくれる。そんな四季が始まる春の野辺に出ては、想い出をたぐり童心にかえる。夢心地のひとときに心も弾む。
野辺のはるか彼方にのびる山の背は、浅緑のベールをかけはじめている。春霞の向うの小楢や杉の林ごしに、涅槃像が横たわるごとく、ウエーブをつくる山の端、機会があれば耳納の山並みを、パステル画に描いてみたい。

　はるかにつらなる山並みをこえ、大河の水面をわたる、温かな南風に吹かれ、早春を告げる梅の花、うっかりしているといつの間にか散ってしまう。こちらから気を向けなければ気づかれない、そんな密やかで、どことなく気品ただよう早春の小さな麗花なのだ。平安時代までは「花見」といえば、咲き競う花の下で騒ぐのではなく、静かに薄紅の梅の花を愛でることだったと言う。雅な花を観る早春の集いだったのであろう。

　菜の花が黄色のじゅうたんを敷きつめる川原には、はしゃぐ子らの喚声が響く。そんな弾む声にさそわれ、野辺の鳥達も求愛のさえずりで、かしましくなる。


（3）光ゆらめく仲春の野辺にこころがおどる
ひと雨ごとに暖かさを増していく、如月(きさらぎ)から弥生(やよい)の仲春の

季節がめぐって来た。春の訪れを告げる梅の花が、梅苑に香りを漂わせ、枝先を白や紅に染めあげる。追っかけるように、桜も少し尖った蕾の先端を、微笑むかのように薄紅に染めはじめる。暖かな心地よい春風が野末をわたり、草木に春の到来を告げる。

真綿をふんわりと四方に拡げるわた雲が、大空から春の使者として、ゆるやかに裾をたらし春風にゆれ漂い流れていく。暖かな光を帯びた南の空に浮かぶ雲を見やっている。時はゆっくりと流れ、光の玉が舞い始める。野山は弥生の色に塗りこまれていく。まさしく春の景一色である。心は弾み今朝は少し遠くの大師堂まで、野辺歩きの足をのばしてみよう。

筑後川の南面に山裾を南北に拡げる山並は、久留米の東の端から浮羽に至る耳納連山である。肥沃な筑後平野を北面に拡げる山の端は、東へ延びる、西の端には筑後一の宮、高良大社が鎮座している。緑ゆたかな久留米市街を一望できる景観の位置にある。四季折々に山も野も装いを変える。なかでも若緑燃え立つ春の色に心も弾む。

大社から、東にゆるやかに波打つ山並みが続く。漱石もこの山道を巡り、「人に逢わず雨降る山の花盛」などの句を残している。足跡を辿る句碑探訪も楽しめる。少し足をのばせば、昔は湯治客で賑わった温石湯である。

厳かな社殿は、初夏の深緑や秋の紅葉に映え、見事な景観をかもし出す。社殿を望む山麓のそぞろ歩きは、山の端が薄

緑のパステルカラーに塗りこめられる早春が好適で、晴れわたる春の空に心もはずむ。心地よい微風に誘われ、ぶらり山歩きを楽しめる。遥か東方に連なる耳納の山並は、すじ雲にふんわりと覆われ、やがて帯なす雲はゆっくりと、西の空にただよい流れいく。雲間から朝餉の地に向う、鷺の群れが翼を気ぜわしく揺らしながら、東の空に飛んでいく。

## 2. 憧れの文学の地を巡る

(1) 抒情小曲集『想い出』の地柳河

今を遡(さかのぼ)ること1世紀を越える、明治18年、水郷柳河の地に生まれたのが、耽美派の代表的詩人として著名な北原白秋である。抒情小曲集、『思ひ出』の序章に「私の郷里柳河は水郷である。そうして静かな廃市の一つである」と綴っている。

自然の風物はいかにも南国的であるが、すでに柳河の町を貫通する、数知れぬ掘割のにほひに、日に日に廃れゆく旧い封建時代の白壁が今なお懐かしい影を映すと記している。

「肥後路より、あるいは久留米路より、あるいは佐賀路より筑後の流れを越えて、わが街に入り来る旅人は、その周囲の大平野に分岐して、遠く近く瓏銀(ろうぎん)の光を放つ幾多の人工的河水を眼にするであろう」。このような情景描写で産土の地柳河を描いている。

白秋の生家の地沖の端は、柳河の市街から南に半里ほど隔てた、六騎の街沖ノ端である（六騎とは今もこの街に住む漁

師の諢名（ごんめい）である。その昔平家没落の砌（みぎり）に打ち洩らされた六騎が、この地に落ち延び漁に従事した、その子孫が今も漁師として活躍しているというのが通説となっている）。

沖の端界隈の記述は続く「海に近く温暖な気候は、南国風の開放的な気風で、陽気で華やかである。漁師の街際まで巡る水路の端にある辺りに至り、渦を巻いて潮川に流れ落ちてゆく、その袂からさらに左に曲ったところに、白秋の生家油屋がある」。

白秋の生家はこの六騎の街中に知られた家柄であるばかりか、酒造家として最も石数高く、魚類の問屋としては、九州地方の老舗として夙（つと）に知られていた。

明治期の詩人白秋は、自らの郷里柳河を廃市と著しているが、昭和・平成の今日、白秋の生誕地水郷柳河として、川下りの観光客が絶えない、賑わいのある街に生まれ変わっている。沖端は、白秋の生家や立花藩の私邸である"お花"を結ぶ川辺の街路は、民芸風の町屋や商家が軒をつらね、今は昭和の懐かしい風情をそこここに残している。遠来の客の絶えない、賑わいのある河畔をなしている。

水郷の慕情を感じさせる水のながれに、明治期の柳河を思い浮かべていた。「水は清らかにながれて廃市にはいっていく、廃れた遊女屋の人もなき厨（くりや）の下を流れ、洗濯女の白い洒布に注ぎ、水門に堰（せ）かれては、三味線の音の緩む午すぎを、小料理屋の黒いダリアの花に歎（なげ）き、酒造る水となる」。

往時は、掘割の水の流れは、町人の営みを支える、生活の水をなしていたのであろう。掘割のあちこちに水神様が祀られている。恵の水への感謝を忘れぬ、水郷の地ならではの水辺の景である。

　水に生かされ水の恵に支えられていた。昭和・平成を経て、今日の柳川は昔の清き水の郷柳河に蘇えり、白秋が描いた廃市の名残りはない。清冽な流れが水草を梳く水郷柳河は、川下りの観光客で賑わう盛況の水都として見事に甦っている。

（2）独歩にならい山麓の林を歩いてみる

　独歩の代表作のひとつである『武蔵野』は、田園の自然と人々の営みを香気みなぎる筆致で描き、常に自然を通じて人生を名文に投影させている。時のうつろいとともに変わりゆく自然を観、その奥に拡がる世界を鋭い感覚で探り、ときには繊細な文体で描写する筆致力に、憧れは強い。独歩の文体に倣い、自然描写を試みたりするがとても及ばず、細密な観察力・文章構成力・語意力の練達さに、『武蔵野』を読みかえすたびに、驚かされる。散策の道すがら、自然描写を構想するのが文学への憧憬であろうか。文学者の情景描写力にあらためて感嘆するのである。

　『武蔵野』にみる自然描写力は、あたかも自然を紙面に俯瞰(かん)するかの如く精緻に描いている。野辺に林に川辺に、光きらめく光彩の描写。風の音も道行く人に、ささやくように呟

くごとくに、それは言の葉となって語りかける。「水は清く澄んで大空を横切る白雲の断片を鮮やかに映す」。あたかも水を、自然のうつろいを写す鏡に見立てた比喩的な描写である。

　この辺りは筑後平野が拡がる耳納の山麓の地である。緑したたる里山になだらかにのびる、ブナの林のなかに佇んでいる。束の間の緑陰の涼に癒やされる初夏の昼下がり、さし降る日の光もいっそう眩しく感じるのは、春の終わりよりも、きらめく光が放散しだす夏の初めだからだろうか。うす緑の若葉のなかに、濃く緑ずく林の小道を歩いている。澄みきった青空が、梢のすき間からのぞかれて、日の光までも風に揺れ葉末に砕け、その美しさは何に例えようか。

　近隣の名所史跡はともかく、この辺りは山並のうねりが彼方に拡がる樹林が、くまなくまだらな深緑に染めぬかれている。日が西に傾く頃、一面に光彩を放ち、特異な景観を演出してくれる。もしも、高い山麓に登り、ひねもすこの景観をながめていたら、このうえもない喜びの時を過ごせることか。それがかなわぬにしても、単調に起伏する草原の彼方に、想像の世界を広げて、夢想の世界を彷徨しながら、異空間に遊んでみよう。時空を超える想像の世界にあそぶ。夕日に照り映える、深緑色の葉がゆれ、樹下の散策がこんなに楽しい時を過ごせると、そぞろ歩きを続けていると、いつしか林は尽き、草いきれの満ちる草野拡がる野辺に出ていた。

(3) 文豪が描く人と自然

　世の文豪といわれる小説家、詩人は先天的に緻密な精神構造を備えているようだ。人間観察力と文体への変換技術を、ＤＮＡとして受け継いでいるのだろう。絶妙な筆致で文章を編み込んでいく匠の技は、繊細な文筆力の極致であろう。自然の風土・風物の描写も、どこまでも深く細やかに、文字変換で写生する技を備えているのだろうか。人物描写はさらに難易度は高く、その人特有のキャラクター・心理・バックグラウンド・交友・ライフスタイルなど、複雑な人間観察眼を研ぎすましていなければならない。心のわずかな動きも、見逃さない感知力と、織文の巧みな技で描きだされる。

　名文とたたえられる秀作は、高尚で難解な文体にあるのではなく平易な文体にあるのだろう。魅力的な文章は心魅かれいつまでも心地よい記憶のひだに溶け込んでいく。人物の描写では、１人ひとりの人間像をシャープに描き出す。人間観察力と心理描写力はさすがである。心に秘めた思いを、見透かすような巧みな表現・文体で、人物の輪郭をデッサンしていく。ある時は作者が人物そのものとなり、またある時は外部から冷徹な描写を試みる。シナリオライターも作者の意図を汲んだ、役者と作家の心理と技芸の、細密な翻訳家の役割を担っているのだろう。

　自然や風物・人を細密にキャンバスに描写していく画家も、主に人物描写を行う小説家も、多様な対象の本質を、どう探究・描写するかである。さまざまに揺れ動く心理描写は、き

わめて巧緻である。心と写実の深遠に迫っていく。人の一生を対象にした長編小説では、人物の観察眼・神秘な領域まで踏み込む繊細な人間描写法を、「自己の人生探求に活用してみたらどうだろう」。これからの人生に多様な変化の妙を味合わせてくれるかもしれない。名作からはさまざまな人間模様も浮かんでくる。

(4) 青春の憧れロマンチシズム

ロマンチシズムは、明治期に詩歌の世界で、はなやかな広がりを見せている。19世紀初頭にヨーロッパで起こった、美や空想を耽美する思潮は、バイロン・シェリーの詩集を通して、日本でも知られることとなる。これは人が青年期にいだく憧れの"ロマンチシズム"であろう。日本では明治30年代に詩歌の運動で、最もはなやかに展開されたらしい。なかでも島崎藤村のロマンチシズムへの憧憬は『若菜集』からその息吹が読みとれる。

詩集の序には、「遂に新しき詩歌の時は来たりぬ。光はうつくしき曙のごとくなりき。あるものは占いの預言者の如く叫び、あるものは西の詩人の如くに呼ばはり、いずれも明光と新声に酔えるがごとくなりき……」と新しき詩歌の幕開けを声高に披瀝している。青春期に憧れたロマンチシズムは、若菜集の冒頭に掲載されている明星「……浮かべる雲と身をなして、明日の空に出でざれば……」を口ずさむとき、いにしえのロマンチシズムに酔いしれていく。若き日の想い出は、

永遠の憧憬であろう。

　少年期の愛読書、島崎藤村の『夜明け前』は、「木曾路はすべてが山の道である」から始まる。道沿いには年輪を刻む杉の大木が空を覆い尽くし、昼なお暗きくねくねと曲る山の道である。あるところは、岨(そば)づたいにたどる崖の道であり、あるところは数十間の深さに臨む、木曾川の荒瀬であり、あるところは山の尾を巡る谷の入口である。

　「一筋の細い街道は、この深い木曾の森林地帯を貫いていた。東ざかいの桜坂から西の十曲峠まで、木曾11宿はこの古い街道に沿うて22里あまりにわたる深い峡谷の間に散在していた。道路の位置も幾度か改まったもので、古道はいつの間にか深い山間に埋もれてしまった」。いつ読み返してみても、少年期の文豪への憧れが甦ってくる。リタイアメントを待って、木曾路探訪をしてみたい。多感な少年期に戻りたい。もしも時計を逆廻しできたら、追憶のページをめくり、青春の思い出にふけりたい。そんな夢想をかなえる時はもうすぐ、多感な青春の日々への回帰願望がかなえられる。

## 3. 梅雨時の田んぼ道

（1）さみだれの野路

　さみだれを集めた渓の流れは、苔むした石積みの堰をこえて渦を巻き、飛沫を散らしながら流れていく。川原の草花を濡らし、葦の葉先の露玉は、惜春の光の玉となり、風に揺れ

て弾き落ちる。露玉は土にかえり、かすかな斑点を残して消えていく。

　水玉とはかくもはかないものかと思いつつ、池の彼方に目を移す。渓沿いの桜の老木も花燃えの春を終え、若葉の装いに変えていく。野鳥の群れも餌取りを終え、さかんな求愛にかしましく飛びまわり、雲間の空を舞う。

　山辺の里山は四季折々に装いを変えていく、雑木林に囲まれた柿園や茶畑にも、芽吹きをおえて若葉萌え立つ時を迎える。まもなくいつも通いなれた古い石橋に出た。2～3日降り続いたさみだれを集め、気持ちよげに流れていく惜春の小川にじっと見入っていた。メダカも細流をさかんに泳ぎまわっている。

　空模様はままならない。降っても照ってもなすすべがない。思いのままに雲を呼び、雲を追っぱらえたらよいのだが。この季節梅雨時の景色をどんな色に例えようか。辺りの空は低く頭上に垂れ、どんよりと鉛色ににぶく光を放つ。せわしく動く雲間から見える波うつ山襞は、やがて深く切り込まれた谷となる。灰色から薄墨に筆でなぞられ、縮れ模様に塗りこめられている。くる日もくる日も、薄暗く冷たい単調さのなかに、冷ややかな山の霊気を運んでくる。それは里山の草木も包みこむ。

　辺りは静寂が支配している。晴ればれの初夏の陽光は、なかなか戻ってこない。そんな湿った暗い日々、時たま雲の切れ間から漏れくる光が、路傍の草花を照らす。揺らめく花に

ほっとして心がなごむ。

（2）早乙女のいない田植は寂しい

　濃く薄く灰色の雲が頭上を低くおおいつくす。梅雨時の雨雲の流れである。目を移すと漆黒の轍(わだち)の跡を、南の稜線から大河の方向に帯状に伸ばしている。やがて雲は東方の峰にも尾を伸ばし始めた。梅雨空は俄かに薄墨をのばして、辺り一面を暗く塗りこめ始めている。

　前線の雲の走りいく暗色の空である。梅雨時の雲の動きは実にせわしない。雲の流れるさまを見ていると、たちまち銀の糸が一筋二筋、雲の切れ間から光をまとって降りてくるようだ。

　しょぼふる梅雨の季節が巡ってきた。冷涼なオホーツク海高気圧と、南海の湿潤な太平洋高気圧がぶつかり、境目にできる前線が、長雨を呼びこむ。太平洋高気圧が北の高気圧を押し切って、前線を北へ北へと押し上げるひと月半が、日本列島特有の梅雨期である。うっとうしい心も湿る梅雨であるが、恵の雨が天からの贈り物として届けられる。

　梅雨期の到来は、農村地帯はとたんに忙しくなる。麦刈りの終わった田圃は、田起こし・代かき・田植と忙しさが続く。山紫水明の地がのびやかに拡がる瑞穂の国は、四季が際立つ風土である。とりわけ田園地帯の梅雨は、恵の水を届けてくれる賓客である。日本人の主食"米"を育てる稲作は、梅雨期がなければ成り立たない。梅雨時の慈雨への感謝である。

梅雨もなかばに入ると、田水溝も勢いのある流れになる。農家は田植前の代掻き・水張りに忙しく立ち働く。降りしきる雨の中、早乙女が甲斐甲斐しく、田植にいそしむ、古き良き時代の田植え風景は見られないのは寂しい。田植の季節に彩りを添える、畦道ぞいに咲く紫陽花は雨にぬれ、鮮やかに映え、田植へ彩りをそえてくれる初夏の花である。七変化する花色の期が過ぎれば、まもなく陽の光がふり注ぐ暑い暑い夏がやってくる。水辺で遊ぶ子等の、はしゃぐ姿が待たれる。

## 4. 阿蘇・九重源流域探訪

### （1）初夏の筑後川源流域探訪

　皐月(さつき)の空は雲ひとつなく晴れわたり、気分も心なしかうきうきさせてくれる。山里の村落には、端午の節句を祝う鯉のぼりが、山風をはらみ、勢いよく青空に尾を揺らしている。都市部ではめっきり少なくなった鯉のぼり、大空をゆったりと泳ぎ、たゆとうさまは、古き日本の風習が山里では健在であるらしい。幼い頃を懐かしく思い出し、鯉のぼりのたなびくさまをしばし見とれていた。

　この辺りは九重黒川温泉から、緩やかに起伏する細い山道を、小半時程登った筑後川の上流、田の原川の源流域である。久住の山懐から湧きでる伏流水は、いくつもの谷をむすび、流れを集め沢清水となって、勢いよく飛沫を飛ばしながら流れを強める。沢沿いのくねる山道は、ブナや水ナラの群生の、

やわらかく透きとおるような若葉が、強い日差しを和らげてくれる、樹下は絶好の涼感ゾーンをなしている。
　渓流から吹きのぼる涼風が、頰をなで、汗ばむ額を爽快にしてくれる。風薫る初夏の高原には、薊(あざみ)の紅紫が色どりをそえている。新緑のこずえ越しに、天空を野鳥が舞い飛ぶさまは、まさしく命の賛歌の競演空間である。私も鳥になりたいそんな思いがふとよぎる。
　あえぎながら急坂を登っていく。唐松林をぬって沢沿いに、せせらぎの音を辿り降りていく。眼の前に田の原の渓流が楢(なら)の木陰越しに見えてきた。きらめく瀬と、青く深い渦巻く淵の眺めが拓けてくる。久住の山々から湧き出る、伏流水を集めた渓水が渓谷を流れ、谷を埋める巨岩や奇岩に流れをはばまれ、そこは一帖ほどの小さな淵をなしていた。岩間から流れを集める谷水も大きな流れとなって田の原川の本流となり、裾野を潤す恵の河となっていく。
　孫達とつれだっての渓紀行。孫にせがまれ親達は、童心に帰り笹舟づくりに興じている。記憶をたどってどうにか完成させた笹舟の進水式だ。孫達も興味深げに覗いている。渓流にかかる木橋からそっと淵の流れに乗せてみる。いくつもの笹舟は舟底を上に、逆さ笹舟となってしまった。渦巻く淵の流れにもて遊ばれて、ぐるぐる廻るばかり、しびれを切らして岸辺からそっと手を伸ばし、笹舟を流れに乗せてやる。
　淵の岩間から流れる細い流れに乗り、下流の瀬へと流れを変えて、はるか彼方に流れ下っていく。笹舟の進水式を終え、

また渓流散策を続ける。渓沿いの坂道は、くねくねと丘の辺りまで続く。もしかしたら下流の淵に浮かぶ笹舟に、また会えるかもしれないと、振り返りふりかえりつつ、笹舟の行方を追っていた。谷を覆う笹薮越しの岩肌に、イワタバコが涼やかに星のごとき花をつけていた。

　吹き抜ける川辺に目をやれば、一際丈高のポプラの細かな若葉が初夏の日にきらきらと輝きながら風にそよぐ。木々をぬって舞い飛ぶ蝶の群れに、空想の世界にいざなわれていた。わらび採りの歓声が草原にこだます。はしゃぎまわる孫達を見ながら、幼き日、野原を駆ける我を思い出していた。

　心地よい草原の微風が頬をなでていく。東屋で一時の休息をとる。持参した冷茶で咽をうるおしながら、初夏の草原を見遣っていた。見渡す山稜は、初夏の装いへと変えている。浅緑の若葉はやがて深緑の照葉に変わっていく。檜の若葉越しに、夏雲がわき立ち九重の峰々を包みこんでいた。


　源流からの山水は、裾野の大地を潤し、山間の田畑に恵みの水を、尽きることなく送り続けている。水の恵みを改めて学びながら、水五訓を思い出していた。
　①常に己の進路を求めて止まざるは水也。
　②自ら活動して他を動かすのは水也。
　③障礙(しょうげ)に遭い激してその勢力を百倍するのは水也。
　水には変幻自在の摩訶不思議の力が宿っているらしい。渓に沿った樹林を巡る森林浴で英気をもらい、さわやかな源流

探訪を終えた。紅葉の秋にまた渓流散策を楽しむことにしよう。

（2）秋の筑後川源流域探訪

九重連山からうねる山なみは裾野をのばし、瀬の本の高原辺りから灌木が谷筋を覆う、山麓あたりまでなだらかな起伏が続く。赤や黄に染まる、草紅葉の草原は、永年の風雨で浸食を重ね、深い谷の切り込みをつくり、波うつ山襞に紅葉の山峡をひときわ秋色に染めあげている。

紅葉を濡らす秋雨は山膚へ降り注ぎ、木を濡らし落葉も濡らし、ナナカマドの赤き玉をも光らせる。しょぼ降る時雨は山膚に浸み込んでいく、やがて地中の伏流水となって、ゆっくりと流れていき、山麓の岩間から湧き出してくる。紅葉におおわれた細い流れの沢に注ぐ。

裾野へ緩やかに草原を広げて、扇状になだらかな九重の瀬本高原。少しずつ草原を下りていく。静寂の松林をくぐる谷水は、根元で分かれさらに流れる。遠くに杉木立が樹勢を誇り、緑の梢を山風が揺らしている。映える秋色に塗りこまれたモミジや銀杏が、緑の樹林にいろどりをそえて、秋色に染められた深山の秋景を楽しみながら、山紀行を進めていく。

山麓の草原は広くのびやかに拡がり裾野に緩やかな尾をひいていく。この辺り山野に降り注ぐ雨も桁違いに多いらしい。草原のあちこちは窪地をつくり、湿原をなしている。降り注

ぐ雨は、ゆっくりと地中に浸み入り、幾筋もの水脈をつくり、緩やかに地中を流れていく。せり出した樹根の間から、清水がチョロチョロと細い水流をつくっている。根元は深くえぐられ、水源の狭き池となる。池底はいくつもの湧水口が、砂れきを巻き上げ、止めどなく清冽な恵みの清水を湧き出させている。

　生きとし生けるものへの、神々しい命の水の源流は、やがてクヌギの林に沿って細い沢の流れとなる。少しずつ川幅を広げ、シダに覆われた渓流に流れを集め、ゆるやかな流れの河となっていく。谷脇のイロハモミジの紅葉が一際映えて見える。樵や楢を秋色に塗り変え、大木が谷筋をおおい。樹林帯の辺りで、流れは深く切りこんだ、谷筋の渓流となり流れも勢いを増す。この辺りは、はるか上流から押し流されてきた、巨岩に流れを阻まれ、急流が渦を巻き、飛沫を飛ばし、岸辺の木の葉も濡らし、苔筵をみずみずしく繁茂させている。

　淵によどみ瀬を泡立たせ流れ下る川は、木材の集散地である。山あいの小国の街並みに沿って、緩やかな流れにかわる。水草のゆらぐ流れは、幾つもの古い石橋をくぐり、川にせり出すように立ち並ぶ古い町家を過ぎて、やがて照葉樹林帯に覆われ、昼なお暗き峡谷を、青くゆるやかに流れいく。
　いくつもの淵や瀬をなして流れはやがて、湯気立ち登る温泉街へと入る。左岸は湯治客の古い旅館が軒を寄せ合う、入

り組んだ岸辺の温泉街である。曲がりくねった川中の細い坂道は、川岸の渡り橋で対岸と結ばれている。

　大雨が降れば激流に洗われ、洗橋は川底に消えてしまう。梅雨どきには対岸との交通は一時途絶えてしまうことが多いらしい。川とともに生きる人々の営みは、自然との共生が欠かせない。流れに逆らわず、順応する術を心得ているのだ。
　絶えることがないいつもの流れは、巨岩や奇岩が流れを狭める深い淵へとつらなり、激流が渦を巻いて流れていく。深く切り込まれた渓谷を過ぎ、赤いトラス橋の下をくぐり、やがて青き湖水を満々と貯えたダム湖に流れこむ。暫くは長い旅の疲れを癒やすのであろうか。

（3）阿蘇野川の源流域再訪
　そこは再訪を心待ちにしていた、かくれた山あいの景勝の地である。随分昔に訪れた、黒岳山麓の樹林におおわれた、阿蘇野川の源流、男池である。その頃は今ほど知られていなかった。隠れた源流の景勝地である。あれから何年たっただろうか、杉の巨樹の根元に湧出する噴流は、今も健在であった。川沿いに遊歩道が整備され、名水探訪をより身近なものにしてくれる。黒岳から流れる川岸には、多雨で湿潤な渓をめぐる散策路がしつらえられ、涼やかに木立がくねくねと続く小径を辿っていく。
　うっそうと茂る川沿いの樹林には、橅・楓(かえで)の若葉ごしに、

木漏れ日がやわらかな光のカーテンをつくっていた。男池に設けられた観池のデッキから階段を下りてみる。そこには親水エプロンが設けてあり、備え付けの杓子でまろやかな源水を口に含んでみた。ほどよい冷たさで、のどのかわきを癒してくれる。さすが天然ミネラルをふくむ、まろやかな源水であった。まさしく名水をはぐくむ山塊の狭間である。

　男池の枯れることのない水源の命脈は、絶えることのない自然の営みを支えていた。男池から湧き出る清冽な流れは樹林をくぐり、渓流となって勢いをつけ、名水の滝に注がれる。滝流は幾筋もの流れをつくり、飛沫が辺りを霧の樹海にしている。涼やかな若葉ゆれる渓沿いは、細い小道をくねらせている。緩やかに右に左に曲る登り道である。小高い頂を越えて石段を下りると、滝へ流れ込む上層に着く。滝口からの噴流は繁吹きをなして、辺り一面ミストゾーンを作りだし、絶好の涼風スポットをなしている。

　苔むした岩膚から、水滴がしたたり落ちる。山峡は涼風につつまれ、さわやかである。急峻な崖伝いの登りで、汗びっしょりの身体に、天然冷気のシャワーをあび、心地よさに生気を取り戻す。リフレッシュ・ヒーリング・ゾーンである。渓流ははるか下流まで樹海におおわれ、昼なお暗き樹林の下流域までのびていく。

　樹海の切れ間からかすかに光る瀬が見える。一際高く聳え

るのは黒岳であろうか、頂がかすかに見える。川をわたる涼風が顔をなでてくれる。川辺にいたる細道を下りてみようと思ったが、今度にしようと元の山道にもどる。

歩みを進め滝壺から流れ下る清流を跨ぎ渡り、対岸の滝口への細い階段を登ってみた。阿蘇野川の細流を集め、直下に流れ落ちるさまは、山峡の水のページェントで、いきを呑む壮観さである。夏の盛りに再訪の想いを強くして、名残おしい源流再探訪を終えた。

## 5. 憧れの南欧の地を訪ねる

ヨーロッパの西南部イベリア半島の南岸にひろがる、地中海の名勝地コスタデルソル。シルバーホワイトの白砂が、オーシャンブルーの海と接する辺りは、空と海の境界をグラデーションにして、ホワイトブルーの海が東西に果てしなく広がりのびる。浜辺までのびる別荘地には、瀟洒(しょうしゃ)でクラシカルモダンなオレンジカラーのルーフタイルに白壁の家並みが、初夏のやわらかな光を帯びて眩しい。遥か彼方にパノラマを拡げ海辺に映えて光きらめき、辺りの暗い木立が明るさを際立たせている。

広い海原を隔ててはるか彼方にかすむのは、アフリカ北部のモロッコである。アトラス山脈の山裾に広がる、涼やかな高原の街並である。往年の名作のロケ地としてシニアー層には憧れの地である。機会があったら訪ねてみたい北アフリカ

のクラシカルな都市である。

　なだらかに広がる街並は、大西洋岸に延びる。港町カサブランカ。モロッコの商業・金融の中心街である。北アフリカ有数の大都市であり、観光地でもある。因みにカサブランカとは、スペイン語で「白い家」であるらしい。
　地中海の西端の地はジブラルタル海峡である。北ヨーロッパや、南アフリカへの海路はこのジブラルタル海峡でむすばれる。ヨーロッパの国々からは、この海峡が地中海への唯一の海路である。海峡を通過する船舶は多彩だ。一際目に映えるのが、行き交う大型クルーズ船だ。海峡を過ぎ、大西洋を北に進路をとればポルトガルの首都リスボンである。一度は中世の歴史がただようリスボンの町並も観光してみたい憧れの地である。
　南欧スペインのコスタデルソル（太陽海岸）は、温暖な海洋性気候に恵まれ、日照は年間300日、平均気温19度の、快適指数の高い地中海の好適リゾート観光地である。とりわけイギリス・ドイツ・北欧・アメリカの人々には、人気のバカンスの地であるらしい。アジアの国々からもショート・バカンス客も多いという。年間1700万人を超える人々がロング・ショートステイのシーサイドバカンス・観光を楽しんでいるという。
　南欧の夕日が沈む浜辺は、光が満ちる昼の景色と趣を変える。椰子の葉を揺らす海風が、涼やかに頬を撫でる。昏ゆく

夕べ、今まさに水平線に沈みゆく夕日は、ダークスカイブルーの海に煌めき光る夕映え、想い出に残る夕景である。さざ波が白砂を洗いはじめる頃、陽は落ちて辺りは夜のとばりに包まれる。ホテルの中庭に設えられた、テラスレストランにはライトアップされた木々が映え、ゆっくりと昏行く南欧地中海の浜辺から山裾にのびる瀟洒な別荘をながめていた。

しばらくやわらかな光の帯を拡げる浜辺を見やる。白砂はイエローオレンジにカラーチェンジされ、夜寒に温もりをとどけてくれる。さざ波がよせてはかえす浜辺は、カップルのデートスポットとなり、語らいの夕べはゆっくりと過ぎていく。シーサイドレストラン・カフェは、お洒落なリゾートファッションのバカンス客でうめつくされる。夜も更け歓談のグラスを重ねる客の楽しげな語らいは、リゾートナイトの至福の夕べに　酔いしれているのであろうか。

## 6. 麗しの南の国、台湾を旅する

大航海時代のポルトガル人は、その美しさに「イーリア・フォルモサ」（美麗島）と称えたという。うるわしのエキゾチック・トロピカルアイランド台湾。気候はすごく温暖で、亜熱帯フルーツのバナナ・パイナップル・マンゴーの栽培が盛んだ。街路や庭のあちこちで、たわわな房が見事な実りをみせてくれる。夜店では果実のフレッシュジュースにして売

られている。田舎の街々では、夜更けまで人の波で賑わいが続く。陽気で、エネルギッシュな南国気質は、笑いが絶えない。近隣の人々との交遊の時が夜更けまで延々と続く。

　1895年から1945年の半世紀。この島と日本は深いかかわりを持ち、多くの人々が海を越え行き来した。今でも日本文化の名残が、レトロモダンな街並みのそこここに感じられて、懐かしい昭和の日本にタイムスリップさせられる。人々はとても陽気で、エネルギッシュである。日本と台湾の交流は続き、今日でも親日派、親台派は多く、経済・文化の交流も盛んである。ハイテク電子機器の開発・製造に強く、貿易立国として、独自の発展を遂げている。

　街並みは、南国らしく椰子の高木がいたるところに植栽されている。南国の強烈な日差しをやわらげてくれる。林立する高層ビル群には、都市の近代化の歩みが見てとれる。１歩裏通りにはいれば、モダンとレトロが共存する街並みが随所に見られる。すこし路地裏に入れば、駄菓子屋や雑貨店が所せましと、軒をつらねている。

　島国台湾の東部を南北に走る山脈は高峰が連なる。最高峰は玉山（3952メートル）だ。この高嶺の西方に、阿里山国立公園の美しい景観が裾野をひろげる。台湾檜の巨木が、山襞を緑の樹林帯で覆いつくし、見事な景観をかもしている。緩やかに裾野へと延びる緑の斜面は、ウーロン茶の畑で、幾筋もの緑の帯を畑一面に延ばしている。

阿里山の麓に広がるのは嘉義の町である。当時は檜材の産地として栄え、今は観光で賑わいを見せる。モダンとレトロの混じる、山と海にいだかれた阿里山を望む景勝の地であり、人の往来が絶えない、台湾南部の観光と商業都市である。茶畑にそってトロッコ列車がゆっくりと車輪を軋ませ、喘ぎながら阿里山陽光へと登っていく。

　阿里山国立公園の頂には、陽光台が東方に拡がっている。台湾全土からご来光を求めて、広場は人ひと人の波であふれかえっている。その日は運よく玉山の頂き越しに、茜色に輝きを放つご来光を拝められた。陽光台の群衆からはきせずして大歓声がわき起ったのだ。いずこの国も日の出を拝む純な心に変わりはない、和みの一時だ。感動の余韻に浸りつつ、巨木の切株をぬってくねる、静寂の薄暗い谷沿いの細道を歩き続けて、中腹の保養地まで下りてきた。想い出に残る阿里山ご来光登頂は、煌めく朝日へのおどろきと感動が今も鮮明に蘇ってくる。

## 7. 深まりゆく秋を訪ねる

（1）堀辰雄の『大和路』を辿る

「秋篠の村はずれからは、生駒山がちょうどいい具合に眺められた。もうすこし昔だともっと侘しい村だった。何か平安朝の小さな物語になら、その背景は打ってつけに見えるが、

……」

　堀辰雄著『大和路』の文中にある、西の京辺りの風景描写である。続けて、「それだけに此処も、今度の仕事では使えそうもないとあきらめ、ただ技芸天女と共にした幸福なひとときをきょうの収穫にして、僕は何をしようというあてもなく、秋篠川に添うて歩きながら、これを往けるところまで往ってみようかと、思ったりしたが、道がいつか川と分れて、ひとりでに西大寺駅に出たので、もうこれまでと思いきって奈良行きの切符を買ったが、ふいと気が変わって郡山行きの電車に乗り、西の京で下りた」

　『大和路』の冒頭の文脈である。時折り読み返す件(くだり)である。
　堀辰雄はオーストリアの詩人、リルケなどのフランス文学の影響を受けた。繊細な心理描写で、夢現実的か、否夢幻的世界を著わした独自の作風で、文壇に独自の位置をなした。一方で『かげろふの日記』『大和路・信濃路』など、日本の歴史と風土を背景にした、古典的な美を描き出す見事な筆致に、憧れをもったものである。藤村の『夜明け前』、堀辰雄の『大和路』は、永年の愛読書である。
　念願の古都奈良を巡る大和路の旅を終え、京都行きの電車の切符を買おうとして、ふと途中の宇治・平等院も見ておこうと思い立って宇治までの切符を買った。奈良駅を出て木津川の鉄橋を過ぎ川ぞいを走る車窓からは、西の方に生駒山がかすかに見える。ふと右に目を移す。実りの稲田と、低い

山々がへしあう、山里の地が京の都まで続いている。

　銘茶の産地で知られる宇治は、いたるところに茶舗が立ちならぶ、宇治川の流れを右手にして、阿字池の中の島に造営された、10円硬貨に刻まれ、鳳凰堂の別名でしられる平等院が、池に浮かぶように朱色の光を放っている。光源氏のモデルとされた源　融(みなもとのとおる)の別荘を寺院に改め平等院と名付けたという。極楽浄土に見立てたという庭園には、現世の人が人だかりをつくっていた。阿弥陀如来を拝し、功徳の下賜(かし)をお願いして、平等院を後にして、久しぶりに訪ねる京都行きの電車に乗った。

（2）秋の京都を訪ねる
　千年の時を経て雅な香りが漂う京の都は、四季折々に趣のある風情を醸し出してくれる。水温む春、ぽかぽか陽気に心は躍る。1年でも最も生気みち、草木の芽吹く季節である。北山から吹き下ろす寒風は、やがて温かな南風に変わっていく。朱塗りの社殿をピンク色で覆う枝垂れ桜は、春爛漫の光り輝く春景色をつくり出し、桜吹雪が園庭にさくら色の花絞を拡げていく。街行く人も春色とかほりに包まれる。

　華やかに蘇えった、皐月の宇治平等院の鳳凰堂を、紫のすだれ越しに見せる藤の花、かぐわしい薫りと、やわらかな藤色、霊験の世界は一時夢心地にさせてくれる。時は移りて、盆地特有の暑さに包まれる京都の夏、清涼感溢れる青もみじ

の季、夏の京都は祇園祭で賑わう、蒸し暑い夏を、ひととき忘れさせてくれる。鴨川の納涼床も、心地よい川風に吹かれて夏の夕べを涼やかに過ごさせてくれる。

　京の秋は、燃えるような紅葉が、町並みや史跡の庭園を真っ赤に染めあげ、京の街は錦秋に塗りこめられる。盆地を囲む山々も街にさきがけ秋への衣替えを急ぐ。中秋の10月、紅葉の季には早いが、久しぶりに京都を旅した。東の清水山はこれまで幾度となく訪れている。清水の大舞台に立ち緑深く、たゆらにのびる京の町並を記憶の襞にしまっている。悠久の歴史を秘めた古都の暮らしと京文化は奥深く、京都に住まなければ分らない。こんなことを思いながら、旅人として古都京都の歴史にますます興味を深くしている。

　今回の京の旅は、北山の名刹鹿苑寺(ろくおんじ)を訪ねることにした。もみじや楓が品よく、黄と紅に化粧を始めていた。金閣（鹿苑寺）は、世界の国々からの観光客で押し合いへし合い、足の踏み場もない大盛況である。金閣の正面から見える鏡湖地(きょうこち)あたりの観賞ポイントから見る金閣は、その美しさに圧倒され驚きの声が湧き上がる。外国人の目にも金色にきらめく館は、調和のとれた和の美に、次々と驚嘆の声を上げていた。

　金色に輝く金閣は3層のつくりになっている。最上階は中国風の禅宗仏殿作り、屋根構えは、しなやかな流れを四方に広げる。塔頂には、徳の高い天子が世に出るときに、舞い上るという鳳凰が、翼を広げ、北山の空に光はばたくかのよう

な、シンボリックなモニュメントである。二層と三層は漆の上に金箔が施され、まさしく黄金色に映える金箔寺である。

今、脚光をあびている金閣は、応永4年（1397）、室町幕府3代将軍、足利義満によって造営された、別荘北山殿が起源である。義光の死後、臨済崇寺院に改められたという。金閣を中心にした、庭園と建築は極楽浄土をこの世に現したという。金閣を正面に配した鏡湖地を中心として、葦原島など大小の島々は、当時の諸大名が全国各地から競って献上した名石で築かれている。その名にちなんで畠山石・赤松石・細川石など湖面を浄土の島々にしているのであろう。

金閣の裏の回遊路を進むと、義満がお茶の水によく使ったという「銀河泉」。手を清めた「巌下水（がんかすい）」があり、隣接する「竜門の滝」「鯉魚石（りぎょせき）」が置かれている。金閣寺の園内を一巡すれば600年の昔に戻り、いにしえの室町時代に誘ってくれる。仏法を、政ごとと融合させ、北山の地に浄土の世界を作り出した偉業に、思いをはせながら金閣の参観を終えた。

# あとがき

### 古賀保彦

　本書第1章で紹介したサムエル・ウルマン作の「青春」を、どう読まれたでしょうか。──人生・時・心の持ち方を真剣に考えさせられた。──年齢より心の持ち方が大切。──若いからあまり考えたことがないなど、読者それぞれの、読後感をもたれたのではないでしょうか。

　人は一生をどうとらえるかで、その人の人生の有様が決まってくるもの。貴重な人生時間を、どのように生かしきるかで、人生の充実度も大きく変わってくるでしょう。

　人生時間は活用の仕方で、充実時間か非充実時間に分かれてきます。時間を短い単位で緻密に管理する人は、時間は人生で再生不可能な貴重資源である事を分っている人なのです。そして、時間の有効活用で満足創造度の高い人です。

　孟子の教えに「小人閑居して不善を為す、至らざる所なし」があります。──君子と反対に小人（未熟な人）は暇になると、ほしいままにどんな悪いことでもしかねないものであるの意。──に学べば時間は活用の仕方で、如何様にも価値は変わるものであると言えるのです。

　「時間：効果」で分析すると、活用・効果レベルが分ります。人生時間は仕事時間と生活・休息時間に分けられます。

人生を豊かにするには、ワークタイムとライフタイムのバランスを図り、人生幸福化度を高めていくべきでしょう。そのためにも、みなさんのハピネス・ライフプランを見直してみたらいかがでしょうか。
　本書の主題である、「夢を叶える心と技術」は、人生も仕事も意図的にマネジメントしなければ、時間効果は生み出せません。時の過ぎ行くままに身を任せていたのでは、何も変わりません。人生・仕事マネジメントは、貴方も私も実りある人生をつくるための方途なのです。
　そのためには人生の到達サミットを設けることです。目指すライフサミットの登頂プロセスをコントロールするのが、ライフ・マネジメントなのです。一度しかない人生の、夢実現に向って、本書はアタックガイドとしてまとめてみました。読者諸兄の人生・チャレンジ精神の発露に、いささかのお役立になればと念じつつ……「あとがき」とします。

## 著者紹介　古賀保彦

有限会社古賀経営代表、経営コンサルタント。

経営コンサルタントの道に入り30年をこえるまでになりました。若い頃からコンサルタントの道を志し、30歳半ばに業界大手の（株）タナベ経営（東証一部上場）に入社。タナベイズム（企業繁栄に奉仕）と実践主義経営学を学び、ビジョナリー経営志向でのクライアント企業の、コンサルティング全般を担当、クライアント数は300社を超え、業界トップ企業として活躍中の著名企業も数多い。退職後、古賀経営設立、現在に至る。

コンサルティング手法は、ビジョナリー経営志向のクリエイティブ・マネジメントを得意分野とし、実証済みのオリジナルノウハウで、開発型オンリーワン企業づくりでは、高い評価を受けている。

コンサルティングのモットーは、

①企業成長はトップのビジョンと成長推進力にある。
②企業理念の共有化による共創集団の育成。
③経営革新への敢くなき挑戦で活力ある社風づくり。
④逆転の発想で、イノベーティブパワーの発揮。
⑤ワクワク・ドキドキのエンジョイワークシステム創り。

を提唱し、改革実践ガイドでマネジメントサポート

**連絡先**

有限会社　古賀経営

〒839-0817　福岡県久留米市山川町1479-7

電話 0942（43）2002　Fax0942（43）2002

メール・アドレス　koga.keiei@alpha.ocn.ne.jp

やりがい、生きがいをつくる
夢を叶える心と技術
■
2017年9月20日　第1刷発行
■
著　者　古賀保彦
発行者　杉本雅子
発行所　有限会社海鳥社
〒812-0023　福岡市博多区奈良屋町13番4号
電話092（272）0120　FAX092（272）0121
http://www.kaichosha-f.co.jp
印刷・製本　大村印刷株式会社
［定価は表紙カバーに表示］
ISBN978-4-86656-014-4